人际关系心理学

元心语——著

古吴轩出版社
中国·苏州

图书在版编目（CIP）数据

人际关系心理学 / 元心语著. -- 苏州 ：古吴轩出版社，2019.8（2023.6重印）

ISBN 978-7-5546-1394-8

Ⅰ. ①人… Ⅱ. ①元… Ⅲ. ①人际关系学－社会心理学 Ⅳ. ①C912.1

中国版本图书馆CIP数据核字（2019）第159199号

责任编辑： 蒋丽华
见习编辑： 顾 熙
策　　划： 曾柯杰
装帧设计： 尧丽设计

书　　名： **人际关系心理学**
著　　者： 元心语
出版发行： 苏州新闻出版集团
古吴轩出版社
地址：苏州市八达街118号苏州新闻大厦30F
电话：0512-65233679　　　邮编：215123
出 版 人： 王乐飞
印　　刷： 唐山市铭诚印刷有限公司
开　　本： 880×1230　1/32
印　　张： 6
版　　次： 2019年8月第1版
印　　次： 2023年6月第2次印刷
书　　号： ISBN 978-7-5546-1394-8
定　　价： 39.80元

前言
PREFACE

在现实生活中，很多人被社交问题困扰：

很宅，经常一个人待在家里，虽然不时地感觉到孤单，但是还是迈不出交际的第一步；一参与聊天，谈话氛围就会降至冰点，原本气氛热烈的谈话变成了尬聊；总是感觉有人在背后说自己的坏话，人际关系紧张；和亲近的人，如家人、好朋友等的关系越来越疏远，到了几个月甚至一年都不联系的程度。

……

相反，有的人似乎是天生的“外交家”，他们身上总是有着吸引人的魔力，不管到哪，都会受到人们的欢迎。在人群中，他们总是最受关注的对象，被人们尊敬、喜爱。他们自身能力可能并不突出，但是做事时却显得游刃有余，看似无法完成的事情，或者需要花费很大力气、绞尽脑汁才能做成的事情，他们却不费吹灰之力，一个电话或者一次约谈就轻松搞定。当他们需要帮忙的时候，朋友们一定会赴汤蹈火。

两者为什么会有如此大的差别呢？原因就在于他们在处理人际

关系上的差异。不会处理，人际关系紧张，做事总是处处碰壁；会处理，则人际关系和谐，做起事来游刃有余。

事实上，在一生中，让人感觉温暖而美好的时光，总是那些人际关系良好的时刻，如身边有相亲相爱的家人、相谈甚欢的朋友、贴心的另一半。反之，让人觉得人生陷入黑暗的就是人际关系恶化的那段时间，如被人欺负、与朋友产生误会、与恋人失和、与家人有嫌隙等。

由此可见，决定人生是幸福美满还是不幸失意的一个重要因素就是人际关系。

此外，美国卡内基梅隆大学的研究人员曾对1万人的案例记录进行分析，结果得出这样的结论：智慧、专门技术、经验只占决定一个人成功与否的因素的15%，其余85%取决于其良好的人际关系。

既然人际关系如此重要，我们就要给予足够的重视，让良好的人际关系成为我们快乐的源泉。

那么，到底什么是人际关系呢？如何才能更好地处理人际关系呢？

在心理学中，人际关系指的是人与人在交往过程中建立的直接心理联系，这种联系包括人们之间的方方面面的关系，如朋友关系、亲属关系、同学关系、师生关系、同事关系、雇佣关系等。面对众多错综复杂的关系，我们需要运用自己的智慧巧妙处理，从而使人际关系更加和谐。要做到这样，首先我们必须了解对方的心理动机，这样才能找到对方情感的突破口，拉近双方之间的心理距离，双方的关系就会越来越融洽，越来越和谐。

法国著名作家罗曼·罗兰曾说：“人类的一切活动，其实就是心理的活动。”的确如此，我们所进行的任何活动，都是心理活动的外在表现。在人际交往过程中，谁掌握了对方的心理变化，谁就能拥有主动权；谁读懂了对方的想法，谁就能够稳操胜券。所以，对心理活动的观察与分析，能够帮助我们解读内心、剖析人性，进而有效主导人际关系的脉络，让自己在职场上、商场上、亲友圈中成为有分量、受欢迎的人。

我们知道人类的心理是非常复杂而奇妙的，前一秒钟的想法可能后一秒钟就会被否定，一个小动作或看似不经意的眼神均显示出心理变化的过程。我们在人际交往过程中，要想拥有良好的人际关系，必须了解对方或他人的心理活动特点。如果懂得了人际关系心理学，你可能不会成为一位心理学专家，但一定能够成为一位心理学高手，一定能够读懂对方的心理变化。

当然，并不是每个人生下来就能左右逢源，所有的关系都要靠自己去赢得。

本书从人际交往中存在的普遍心理现象入手，深入探究人的内心世界，分析人们的表情、言行等身体语言之下情绪和心理的变化，并从克服社交障碍、提高情商、掌握沟通方式、化解社交难题、学习社交礼仪、管理人脉等方面，通过一些心理学案例及相关心理学效应，帮助读者找到与他人正确交往的途径和方式，从而扩大自己的人脉圈，使自己的人生更加精彩。

本书在教给读者一些人际交往的技巧和方法的同时，也介绍了一些社交禁忌和管理人脉的方法，比如：交际要懂得分寸感，应尊重他人的心理边界；学会优化人脉，进行有效的社交、有价值的社交；学会清除人脉中的“杂草”；等等。

相信读者通过阅读本书，能够理顺身边各种复杂的人际关系，并能够科学有效地管理自己的人脉，在享受交往的乐趣中，一步步走向成功。

目录

CONTENTS

第一章

走出心理舒适区，让社交不再成为障碍

每个人都离不开社交，但是有些人在社交场合的心理状态总是不佳，这就会阻碍人际关系的正常发展。他们的这种不佳的心理状态，实际上就是社交中的病态心理。要使人际关系更和谐，首先应走出心理舒适区，克服这些不健康的心理状态。

超越自卑，正视心中那个“脆弱的小孩”

你有没有这样的感受：不喜欢主动联系别人，宁愿独处；不喜欢去人多的地方，也不喜欢跟不熟的人聚会；发微信消息时，常常是句句斟酌，写了删，删了写，最后想想就决定不说了；周末的时候，宁愿一个人窝在家里，也不愿凑堆出去玩；越来越喜欢老朋友，越来越不喜欢结交新朋友……也许你以为自己只是不愿意参与社交，更不愿意主动与陌生人交流，其实你是有些自卑。

心理学家发现，世界上90%以上的人存在不同程度的自卑感，就连那些被大家一致认为漂亮、聪明的女子，也会存在或轻或重的自卑感：“我总是觉得自己配不上男朋友，跟他在一起很有压力。”“我总是特别在意别人的眼神，担心别人觉得我不够好。”“我厌食、不敢吃，因为我一胖就不自信。”……即使是再优秀的人，在内心的某个角落，也会藏着一点小自卑。

自卑的人时常处在焦虑、难过、不甘、痛苦中，任由糟糕的情绪消耗自己。自卑还可能遮蔽我们的双眼，让我们不能清楚地认识自己，阻碍我们跟外界的交流，影响我们的人际关系。

那么，我们的自卑感是从何而来的呢？自卑其实根源于每个人内心的最深处，与我们的原生家庭有很大关联。年幼时，如果我们的内心需求没有及时得到父母的满足，我们的内心深处就很可能会产生一种不安全感。按照美国发展心理学家埃里克森的人格发展理论，如果这时我们不能形成希望的美德，反而经常对自我产生怀疑，这很可能就会成为一个人的情结，以至于影响到成人以后的生活和人际关系。

自卑也来自比较。生活不幸的人与身边幸福的人进行比较时，往往会产生自卑心理。当触及他们心底自卑的东西时，他们就会变得敏感、暴躁。谁不想活得大大咧咧、无忧无虑？只是那些敏感背后往往藏着深深的自卑。很多时候，自卑，不是因为我们不够好，而是因为我们太渴望变好了。

其实，每个人都会有自卑感，有的嫌弃自己的家庭条件不好，有的抱怨自己长得太矮，有的又遗憾自己的皮肤太黑……虽说自卑会摧毁一个人，使其自甘堕落，但另一方面，它也能使人发奋图强，力求振作，以弥补自己的弱点。所以，自卑是一把双刃剑，是使一个人成长的最好方式。

作者阿德勒在《自卑与超越》中说："我们生活在与他人的联系之中，假如因自卑而将自己孤立，我们必将自取灭亡。所以，我们必须超越自卑。"一个人家庭条件不好，长得太矮，皮肤太黑，又怎样？我们完全不必刻意地去放大它、强调它，把自己搞得像被全世界抛弃了一样，自怨自艾。所以要想超越自卑，首先要正视它，正视这种心理。

要想克服自卑，就要在其他方面建立优越感。比如，如果你长得矮，那么你可以学学穿衣搭配的技巧，让自己成为人群中一道亮丽的风景。

再比如，如果你是单亲家庭的孩子，一心想改变这种状况，父母迫于压力勉强在一起了，换来的仍然是无休止的争吵或冷战，你又回到之前冰冷的气氛中。相反，如果你承认家庭的缺陷，告诉自己这已成事实，并且努力在其他方面做得优秀，那么，总有一天，你会组建自己的幸福家庭，过着幸福的日子。

很多时候，对于令你自卑的事情，你能做得最好的就是接受它，并且提醒自己，这件事我改变不了，但是我可以将我能做好的事做到最好。人际关系问题，说到底是解决自己自卑、不自信的问题，正视你心中那个“脆弱的小孩”，亲近“他”，拥抱“他”，你会活得很自如。

嫉妒是一种严重的自我损耗

在人类所能表达的情感当中，嫉妒可以说是最普遍、最令人感到不安的一种。任何人在任何时间都有可能被嫉妒占据。看见自己想做的事或是想拥有的东西，别人可以轻易地完成或是获得，我们往往会生出一种嫉妒的情绪。看到那些拥有天赋或社交资源的人，我们往往会对他们似乎付出很少的努力就能获得别人的关注或认可而深感不满。

我们会嫉妒别人，嫉妒他们的成功、美貌、富有等。嫉妒可能是我们内心一掠而过的思绪，也可能是势不可当的恐惧。在极端情况下，嫉妒还可能影响家庭关系，甚至导致众叛亲离。尽管大多数人都非常了解这一点——嫉妒会展现我们内心最阴暗的部分，但我们却从不愿承认自己是会嫉妒的人。

然而，嫉妒并非生来就是不健康的、负面的情感。它是一种很正常的情感，也是拥有健康心态的证明。而且人有嫉妒心也不全是坏事，适当的嫉妒会促人努力上进，把嫉妒当作提高自身能力素养的动力。因为你只有表现得更好，才能更像你所羡慕的人。

只是，如果你一味地嫉妒，让人生充斥着不满的情绪，就无法享有快乐的生活。我们在微信朋友圈里、QQ空间里、各种群消息里，随时都能知道别人过得怎么样，想逃都没办法。当我们看到曾经跟我们混得差不多，或是比我们还差的老同学飞黄腾达，今天飞往法国，明天飞往迪拜，而自己还在为心中的梦想而死撑时，心里的落差会非常大。

从某种意义上来说，嫉妒是腐蚀人际关系的一棵“毒草”。只要发现别人过得比自己好，心中便会生出一种酸溜溜的感觉，说话也不自觉地尖刻起来，甚至还会做出一些违心的小动作。这样一来，谁还会同你在一起互帮互助？到头来只能伤害到自己。再或是，只要看到别人发生不幸，幸灾乐祸的感觉就会出现。而这种情况最常发生在那些与我们有利害关系的人身上，如此一来，我们就会觉得似乎又少了一个竞争对手。

当嫉妒占据了一个人的内心时，我们的世界就会变得很孤独，它会让我们自我伤害、自我消耗，并使我们断绝一切外在的帮助，将我们的优势、光芒等一切人性的亮点连根拔起。嫉妒还会让我们的思想囚禁起来，除了怨恨，我们变得一无所有。

我们要看到，虽然嫉妒心人人都有，但是嫉妒别人不如自己努力去实现生命的价值。我们不能靠嫉妒推动生命，也不能因嫉妒而停止前进。有时候，嫉妒就是一个信号，提醒我们需要好好审视自己的内心并揭开产生嫉妒的原因。

为此，我们每个人都应该扪心自问：我要如何规划自己的人生？我的工作是否充满了挑战与成就感？在现在的工作中，我能否获得学习与成长的机会？与别人相比，我是否有一些异于他人的突出特质？事实上，真正自信自爱的人，并不会让自己被嫉妒困扰，更不会允许自己因嫉妒而心烦意乱。

如果你正在举步维艰地应对嫉妒或其他任何潜在的可能毁掉你的人际关系的强烈情感，请首先审视现象的本质，找出问题的根源，然后尽全力排除这些困难，并改善自己的生活。

优柔寡断比犯错误更糟糕

在生活中，很多人都曾经或者是正在为这样的事情而苦恼：不知道如何与伴侣相处，不知道如何处理和同事之间的人际关系，甚至很多人连自己都不喜欢……

其实，当我们在各种关系的纠缠中挣扎、纠结时，是否想过这样一些问题：你喜欢自己吗？你是否能够欣然接纳自己的不完美？你是否能够接纳一个真实、完整但并不完美的自己呢？

莫妮卡是一名汽车销售公司的职员，年纪轻轻的她做什么事情都优柔寡断。在做任何事情之前，她总是要反复地考虑其中的利害关系，设想每一步可能出现的问题。为此，她总是顾虑重重，很难立刻做出决定。

对于工作上的事情，考虑得周全、清楚一些，可以让我们少出错，也少做一些蠢事。

不过，如果凡事想得太多，就会让自己遇到更大的麻烦，事情明明已经做完了，但是仍然放心不下，然后反反复复地回想每一个环节，进而开始怀疑自己：“在处理这件事情的过程中，我是否有不妥之处？我是否应该做得更好？”

在我们身边，有很多类似莫妮卡这样的人。他们似乎总是神经兮兮的，他们的心中永远充满了顾虑：“我到底该怎么办？”这些人哪怕只是跟某位同事擦肩而过，别人脸上的表情都会让他们惴惴不安、心事重重地猜测一整天：“难道是因为我没有跟她打招呼，所以她对我爱搭不理的？可是当时我们俩隔着那么远的距离啊！”

这样的人总是担心别人对自己有不好的看法。比如，如果上司少给他发了一些奖金，他就会另有想法，猜测自己究竟在哪里把事情搞砸了，但是又拿不出勇气当面向上司提出疑问。

又比如，部门的同事之间搞聚会，但是偏偏没有邀请他，于是他就会胡思乱想好几天：“是不是大家对我有意见？”“难道他们是合起伙来在背后整我？”结果吃不香、睡不着，心情烦躁不说，就连工作都不顺。

事实上，这种人就是太在意别人对自己的看法，所以做事总是迟疑不定、优柔寡断。从传统意义上说，有这样困扰的人都是一些“好人”，他们善良、内心敏感、感情丰富，在意别人的感受。

然而，他们很容易把自己笼罩在这些阴影中，也很难建立真正和谐、深入的人际关系，在与别人的交往中，表现得顾虑太多、畏首畏尾，很怕做错、说错，所以不敢轻易采取行动，时常被搅得心神不宁。

也许很多人会说："这样活着不觉得累吗？"其实，累，也是这些人对自己生活的最大感受。尽管他们也想像正常人一样，但是他们的世界里似乎总是充满了痛苦和纠结，就像上足了发条的时钟一样，很难停下来。

那么，这种状况有办法改善吗？事实上，很多人都曾经历过从"在乎别人的看法"到"不那么在乎别人的看法"的转变。当然，这个过程并非一蹴而就的，而是需要一点点地来改善。

首先，要评判自己，正视自己。要知道，一个人如何看待自己以及如何看待自身的价值很重要。如果一个人失去了对自我价值的评判，就失去了生活的意义。

那些觉得"别人说我好，我就有价值"或是"别人说我不好，我就没有价值"的人是可悲的，因为他们总是在抹杀自己生存的意义。

然后，多问问自己："为什么我会有这种情绪？""我希望得到什么？""为什么我需要得到他人的肯定？"相信经过一段时间的训练，我们就会对自己有一个客观的认识，更加看清自己。当再次面对别人的评价时，我们也就不会那么盲目、激动。

其实，每个人都有表现得不够好的地方，如果我们陷入自己的缺点里不能自拔，就会变得自卑，不利于人际关系的发展。

所以，一定要学会自我接纳，做真实、完整的自己。无论是你喜欢、欣赏的地方，还是你不满、厌倦的地方，都完全属于你，没有什么好坏之分，你只需要接纳它们的存在，关注它们的存在。请记住：你永远是自己生活里的主角，不要总在别人的戏剧里充当配角。

拒绝从众心理，为自己的人生负责

我们经常标榜“我的命运我做主”，但是仔细想一想：在你过去的人生里，那些重要的事情真的是由你自己决定的吗？喜欢的专业不敢选择，于是在一个自己不喜欢的领域里挣扎多年，到头来一无所获；喜欢的工作不敢选择，于是大好的光阴白白地浪费在一个地方，以致错过了不知多少美好的风景……

生活中，有很多类似这样的人，他们不管大事小事，总是过分在意别人的看法，希望别人来替他们做决定，然后迅速扔掉自己的观点。如果一个人意识不到自己需要什么，甚至从来都没有认真地考虑过这个问题，就会表现出懦弱的个性，与人交往时，也会变得越来越自卑，失去主见。

一位石油大亨到A国去参加一个会议。可是，当他兴冲冲地走进会议室时，却发现会场座无虚席，没有自己的座位。

石油大亨情急之下，突然想出了一个主意，他当即喊了一句：

“伙计们，听说了吗？刚才他们在B国发现了石油！”

此话一出，会场顿时炸开了锅，正在开会的其他石油大亨们生怕被别人抢了商机、赚了钱，于是急急忙忙地就向B国跑去。

大家蜂拥而出之后，A国的会议室空了出来，石油大亨的脸上也露出了得意的笑容。他刚想找把椅子坐下来歇一歇，忽然听到外面有人议论B国的石油如何丰富、开采成本如何低廉等，听着听着，这位石油大亨也坐不住了，他心里开始琢磨：难道B国真的发现石油了？不容多想，他也急匆匆地跑向B国，A国的会议室里变得空无一人。

这个故事是在告诉我们，盲目地、一味地从众是一件多么愚蠢的事情。生活中，很多人都有从众的想法。他们总是喜欢任何事情都听旁人的建议，从来不去考虑做的事情本身是否正确；他们不能看清自己的状况，总是让别人牵着自己的鼻子走。

其实，一个人不能没主见，那些习惯由别人来掌控自己的世界、决定自己人生的人，就是缺乏自己的判断和思考的人。

盲目往往是扼杀主见的最大凶手。很多时候，盲目跟风是因为我们的目光不够长远，看不清自己究竟需要什么，无法为自己做一个长远的规划。也就是说，这些人心中的自我是由别人决定的，而不是他们自己决定的。他们说话、做事的标准，往往是他人是否满意，而在这条原则的适用范围内，他们自己的感受只占据了一个很小的角落。

在现实生活中，或许你无法左右别人的观点，无法改变别人眼中的自己，但是你可以立场坚定地选择做什么样的事情、做什么样的人。事实上，不管你要怎样的人生、怎样的伴侣、怎样的合作关系，只要是你自己内心真实认可的，就可以去追寻。你的主见，就在于选择你的所爱，而不是一有风吹草动，就放弃自己的坚守和选择。

你要记住：做一个能独立思考、坚持原则、有主见的人，你才不会活得比别人卑微，人际关系才会和谐、长久。所以你不要盲目地追随任何人，因为没有谁可以对你的人生负责——除了你自己。

第二章

打造社交圈，让好人际关系带来好机遇

成功的关键在很大程度上取决于拥有良好的人际关系。善于借用人际关系、整合人际关系，你将会获得更多的机遇，离成功更近一步。事实上，不同的人际关系陶冶不同的性情，成就不同的人生。

人际关系的好坏决定了竞争力的大小

有一句话说得很好："告诉我你和什么人在一起，我就知道你是什么样的人。"就是说通过观察一个人平时结交什么样的人，他的朋友如何，就可以看出这个人平时的为人、品性、素养等。要了解一个人，你只要观察他的社交圈子就可以了。

俗语说："不懂得与人交往者，必不能成功。"这和中国古语"得道者多助，失道者寡助"所表达的道理是相同的：每一个人都要学会了解他的同类并与之和睦相处。换言之，要想获得成功，必须先织一张牢固的关系网。

事实上，你的关系网比你意识到的要广得多。你实际拥有的关系网除了延伸到了你每天都联系的人之外，还包括与你共同工作和曾经一同工作过的人们，以前的同学、朋友，你整个大家庭的成员，你遇到过的孩子的父母，你参加研讨会或其他会议时遇到的人，这些人都会是你的关系网成员。你的关系网成员还包括那些你在网络中认识的人，以及与他们有联系的人。

当然，关系网既然被称作“网”，就应当具有网的特点。也就是说，在这张网上朋友的构成有点有面，分布均匀。有的人交友却不是这样，他们结交的范围十分狭窄，分布十分不均，只在自己熟悉的范围内认识一些人，而这些人所处的行业和特长比较单一，这样就构不成一张标准的关系网了。

现实中，成功的人大多是有这种关系网的人。这种网络由各种不同的朋友组成，有过去的知己，有近交的新朋；有男的，有女的；有前辈，有同辈或晚辈；有地位高的，有地位低的；有不同行业、不同特长、不同地方的……这样的关系网，才是一张比较全面的网络。也就是说，在你的关系网中，应该有各式各样的朋友，他们能够从不同的角度为你提供不同的帮助；当然，你也要根据他们不同的需要为他们提供不同的帮助。这才是关系网应当具有的特征。

所以，静下心来，我们仔细点数一下，在我们的工作和生活中，究竟结识了多少这样的人呢？500！这只是我们社会交往人数的平均值！设想一下，从我们自身射出的每一根“蛛丝”都能联系到一个熟人的话，仅仅织出第一层网，就可以看出我们的人际关系是多么强大。如果再加上你朋友的朋友，以及你朋友之间的互相联系，那简直就形成了一张密不透风、无所不及的超级大网！

王珊是个很热情的人。前些天，她参加了一次同学聚会，一个同学无意间向她提起，某百货公司正在准备设立一个饰品柜台，具体工作由他负责。说者无心，听者有意。王珊偷偷到商场看了一下，预计设立柜台的地方在商场的位置极佳，可谓寸土寸金。

王珊立即找到自己的同学，告诉他自己想承租。王珊的同学不放心，因为在此之前王珊从来没有做过饰品生意，更没有那么雄厚的资本。王珊悄悄告诉同学，她其实是某饰品品牌的代理人，铺货是免费的。

同学勉强同意让王珊试试。王珊立即联系了精通饰品生意的好朋友，说自己承租了一个很不错的商场的柜台，销售绝对没有问题，只要免费铺货，她保证大家都有钱赚。朋友对王珊非常信赖，不但答应给她免费铺货，还给她推荐了几个很有经验的销售人员。这样，大家就在一条利益链上了。

柜台开张，果然是大家发财，王珊这个饰品生意新手也成了一个响当当的小老板。

从上面这个例子可以看出，人际关系经营也是一门大学问，这并不是喊几句口号、发几次誓就可以做好的。良好的人际关系是成功的重要因素。如果缺少了它，很多时候，你就会一筹莫展！

一个人在社会上生存，要想交到更多的朋友，获得更多的人际资源和帮助，一定要有一个或者几个属于自己的圈子。圈子，最重要的特点是圈子里的成员都有相近的爱好和共同感兴趣的话题，而且说话自由、交流方便，因此，圈子里的人很容易找到与自己志同道合的朋友，听到自己关心的各种信息，从而得到更多意想不到的收获。

怕麻烦别人，就没有交情

从小到大，很多人信奉这样一句话："没事别麻烦别人。"在他们看来，麻烦别人是不可取的。于是，他们几乎什么事情都自己处理，从来不爱请别人帮忙。

不可否认，人们都喜欢趋利避害，怕麻烦也是人的天性。但是这类人的人际关系网却常常单薄得可怜，反倒是那些经常"厚着脸皮"麻烦别人的人，事业往往很成功。这又是为什么呢？

其实，有时候适当表现出一些自己的短板，让身边的人帮助你，并且在接受别人的帮助后，表达自己由衷的感激，更加容易拉近彼此之间的距离，让人更愿意与你做朋友。

好的人际关系，就是互相麻烦。这次，你麻烦一下他，下次，他麻烦一下你，一来二去，两个人熟了，关系也亲近了。就是因为一次次的麻烦，双方才培养出更好的感情；就是因为一次次拨出的电话，彼此的情谊才增进了。

其实，每个人都有自己的优势和不足，面对自己不擅长的领域，你在绞尽脑汁也不见一点成效时，请教一些经验丰富的伙伴，也许能助你迅速补足短板、提升能力。

当然，这样的求助只有做得好了，才能既不让自己感到别扭，又能让别人乐意向你伸出援手。不得不说这是一门技术含量极高的交际艺术。那么，什么程度的麻烦是可以让别人帮你扛着的呢？怎样麻烦别人才不会显得廉价呢？

首先，这个麻烦不会给对方造成大麻烦，否则，对方难免会怀疑你究竟想从他那儿得到什么。不过，这个世界上偏偏有一类人最招人厌烦，他们的依赖性极强，总是把本该自己解决的麻烦随意转嫁到别人身上，总是指望伸出手来就可以无偿得到正确的答案。然而，他们忘记了：真正良好的社交关系应该是彼此在交流中都能有所收获，也只有这样的关系才能够长久地维持下去。一次次地伸手，长期地单向索取，只会让人觉得你实在无药可救，简直就是社交领域的不劳而获者，这样你就会被对方拉入黑名单。

其次，你的求助最好不要牵扯到金钱。要知道，人际关系更多的是一种情感上的交流，若是牵扯到具体的利益，则会染上铜臭味。即使确实存在利益关系，也要避免将这种求助看作建立人际关系的一种方法，而要严格将其视为一个契约。

当然，当你请求别人帮助时，态度一定要真诚。要时刻记住：这是你分内的事情，别人就算帮了你，也没有义务帮你一辈子，所以不要一副理所当然的样子。如果是自己责任及能力范围内的事，并且你可以独力完成，就不要随便麻烦别人，更不要因为别人愿意帮助你而把责任都推到别人身上。

总之，不麻烦别人，也就没有了交流；没有了交流，自然就丢掉了感情。只有学会麻烦别人，才能交到朋友。

自身有价值，才配拥有高质量的人际关系

人与人之间相互来往的目的不外乎是互惠、互助、互利，但是如果彼此之间的交往没有任何的实际意义，那么这层关系很快便会消失。当然，并不是说所有的人际交往都是带有功利性的，但是能够长久保持密切往来的，往往是有利益关联或是以情感为纽带的人。

然而，使一种交往具有价值的并非交往本身，而是交往者各自的价值。很多时候，高质量的交往发生在两个相互欣赏且有独立人格的人之间。因此，使自己真正有价值，让自己变得更优秀，才是最重要的。若是从长远来看，你都不可能对他人有价值，谁还爱搭理你呢？

那么，我们该怎么办呢？方法只有一个，那就是让自己变得对别人有用。唯有这样，你才有和别人交换利益的资格，才不会被人看成一无是处。没有谁天生就魅力四射，只有发挥自己独一无二的优势，让自己变得有用，拥有别人拿不走的东西，才能拥有一个高质量的朋

友，才能拥有一段高质量的人际关系。

比如说：你博学多才的头脑能开阔对方的思维；你开朗幽默的性情能带给对方愉悦；你善解人意的性格能消除对方的苦闷；你诚信忠实的品行值得对方信赖；你气度不凡的风度可以让对方赏心悦目；甚至打牌三缺一时叫上你，你也是个有价值的人。

正所谓“物以类聚，人以群分”，一个人的价值往往决定着他的交际范围。而你身上所拥有的一些特质只要有人需要和喜欢，那就是你自身价值的体现。这种被人需要的正面价值越多，需要和喜欢你的人就越多。

毕竟人际交往是一种公平的价值互换，需要双方都付出自己的价值，同时也获取各自所需。例如，你渊博的知识总是能开阔某个人的思维，因为这个人恰恰喜欢并需要你的知识，所以，在日后的交往中，你会慢慢变成他的朋友。但是如果这个人身上缺乏你需要的价值，你就会觉得他是可有可无的。倘若你又很忙，并且这种情况一直持续的话，你们就会慢慢地疏远。

人际交往从本质上说，其实是一个价值互换的过程，也就是说，当你觉得对方对你来说有价值时，你才愿意和他交往。所以，千万不要相信任何免费的好处或机会，天上掉的往往是陷阱，而不会是馅饼。

适合自己的社交圈，就是最好的社交圈

俗话说："物以类聚，人以群分。"你是什么性格的人，就会有相同性格的朋友；你有什么样的兴趣，就会结交有相同爱好的朋友……这些和你有着相交点的人和物构成了你的圈子，而你的圈子恰恰反映了你是什么样的人。

有人说："圈子决定未来，一个人一定要学会优化自己的圈子。"圈子决定你的未来：和阳光的人在一起，心里就不会阴暗；和进取的人在一起，行动就不会拖延；和勇敢的人在一起，遇见挑战就不会退缩；和睿智的人在一起，遇事就不会迷茫。从某种程度上说，优化圈子，就是优化你的人生。

尽管圈子很重要，但是如果你不够优秀，就挤不进由比你厉害、优秀的人组成的圈子。

萧红在成名之前，是个鲜为人知的小作家。然而，出乎许多人意料的是，她却偏偏被鲁迅看中。

鲁迅介绍她进入文坛报媒，邀请她喝茶、聊天。轻易不捧人的鲁迅还高度评价萧红的《生死场》这部小说，说："北方人民的对于生的坚强，对于死的挣扎，却往往已经力透纸背；女性作者的细致的观察和越轨的笔致，又增加了不少明丽和新鲜。"可以说，鲁迅毫不掩饰对萧红的赞赏，甚至称赞她是中国当代最有前途的女作家。

鲁迅之所以愿意把一位初出茅庐的作家请进自己的圈子，是因为他觉得萧红是一个值得欣赏和认可的人。事实上，早年萧红就曾不断地给鲁迅写信，最终凭自己的才华打动了这位伟大的文学家，从而开启了自己人生的新篇章。

因为一样有才华，所以惺惺相惜。而萧红进入优秀的圈子，也印证了她拥有进入这个圈子的能力。这只不过是早来和晚来的区别而已。

在现实生活中，虽然光鲜亮丽的圈子令人神摇意夺，但是很多欣然前往的人却并未足够了解自身便深入其中，原本想着可以彰显自己的能力或者满足自己的虚荣心，结果却被圈子所淘汰。要知道，圈子不同，你真的不必硬挤。没人比你自己更清楚你到底有几斤几两了。

也许你安于当下，过着朝九晚五、波澜不惊的生活，但这也不失为一种平淡、简单的幸福。毕竟，光鲜亮丽的生活背后的辛酸，又有谁能知晓？

无论是享受当下快乐、安宁的圈子，还是追求更厉害的圈子，并没有好坏之分，就看你是否满意自己当前的状态。如果你感觉与厉害的圈子格格不入，就不必勉强自己去迎合；如果你的水平与某个圈子里的人旗鼓相当，即使你不去挤，也自然够格进入圈子。

如何与陌生人一见如故

很多人都有这样的体验，在走进一间陌生的房间，或是与一个不熟悉的人碰面时，在心里对自己说得最多的一句话是：“我该怎么样打破僵局，交到朋友？”

独处的时候，有时会突然想到：“啊，那天我很唐突地说了那样的一句话。”或者：“哎呀，我当时怎么说了那么破坏气氛的话？”想起来的时候，真是恨不得咬掉自己的舌头。可是，世上没有后悔药，我们只好悔恨地提醒自己，下次不可以再犯。可是这样的话，又经常弄得自己很紧张，甚至惧怕与陌生人的约会。

怎样避免这种尴尬呢？不要急，现在我们教你几招“巧言秘籍”，包你以后无论是在职场上、聚会中，还是在朋友身边，都可以轻而易举地跨过与别人之间的栅栏，做个口才好的人。

在觥筹交错的聚会上，怎么可以让别人认为你是一个沉默寡言的人呢？不要说这里没有你所熟悉的人，其实有些看起来很亲昵的人很可能是刚刚认识的朋友。只要勇敢地说出第一句话，你就已经成功了一半。

你可以先观察一下你身边的人（或者你感兴趣的人），看看他们是否有比较特别的地方。如，戴有异族风情的配饰，或是一款你也非常青睐的手表。谈论这些细节也许能立刻吸引他们的注意力。聊天的话题最好选择比较轻松的，开心地一笑会瞬时拉近你们之间的距离。

遇到自己感兴趣的人，为了给第二次的见面做好铺垫，你不妨直呼他的名字，说点儿无伤大雅的笑话，讲点儿轻松的小故事，给对方留下幽默的印象。或者，先做一个友好的倾听者，让他们多说一点儿，而后可以适当地提出自己的疑问，他人会很乐意为你解答的。然后，你就可以顺利地加入他们的话题了。

但是，要注意的是，在交谈中，尽量不要提出一些只能让人回答“是”或是“否”的问题来。这样的话，等于在扼杀你们的谈话。要给人留有能够展开话题的余地。而且，不要说出太随便的话，否则很有可能会冒犯你新认识的朋友，使得你之前所做的努力全部白费。

在1984年夏天，美国总统里根受邀访问上海的复旦大学。在一间偌大的教室内，里根总统看着台下100多位初次见面的复旦学生，他的开场白是这样的：“其实，我和你们的学校有着较为密切的关系。你们的谢希德校长同我的夫人南希都曾就读于美国史密斯学院。由此看来，我和各位自然也算得上是朋友了。”

话音刚一落地，全场便响起了雷鸣般的掌声。短短的几句话，便增进了彼此间的友好关系。所以，在日常交际中，我们也可以利用这种“攀亲认友”的方式，有意识地拉近与对方的距离，以使彼此间的交流能更好地进行下去。

除此之外，恰如其分的赞美也能为你锦上添花。要知道，每个人都喜欢别人赞美自己的长处。所以，在与陌生人交谈时，应该学会以直接或间接的赞扬作为开场白。对方被你赞美得高兴了起来，对你的好感度也在不知不觉中提升，从而激发了与你交谈的积极性。反之，如果你开口就有意无意地触及对方的短处，势必会伤害到他人的自尊心，结果也就可想而知了。

日本作家多湖辉在其著作中讲述了下面这样一个故事。

被人誉为“销售权威”的霍依拉先生曾告诉人们，他的交际诀窍就只有8个字，即“扬人之长，避人之短”。

有一次，为了给报社多拉广告，他必须要去拜访一位百货公司的总经理。寒暄几句后，霍依拉就问总经理：“您是在哪儿学会开飞机的？您可真是不简单呀！”话刚落音，总经理就显得十分兴奋，当即就答应了霍依拉投放广告的事情。

在与对方见面后，如果能亲切友善地肯定对方的成就，赞扬其优良的品质，顷刻间就能够温暖对方的心田，会收到意想不到的效果。

其实，天涯何处无朋友，只要你会说话，哪怕三言两语也可以得到对方的喜爱。而想做到这点，除了要在见面之前做足功夫外，还要学会面对不同的人采用不同的措辞，这也是极为重要的。如此，在不知不觉中，便凝聚了强大的个人气场，你就能与陌生人尽快地熟识起来了，你的朋友也就越来越多了。

人脉需要时常“保鲜”

有些人往往过于功利，平时对他人不冷不热，甚至还冷嘲热讽，有事时却像是换了副脸孔似的，显得特别热情，但这样的人往往很难成功。很显然，人与人之间的关系会随着平时联络的增加而加深，久不见面的朋友自然会日渐疏远。

虽然身为上班族，但也不要一天到晚都埋头在办公桌前。不论多么忙碌的人，也总需要有吃饭的时间和休息的时间。至于那些从事业务工作的人，更是整天都在外面奔波，只有吃饭时间才会回到公司，这样更能够多利用在外面跑的机会，联络那些疏于联络的朋友。至于整日守在办公桌前的人，则不妨利用午餐时间，与在同一地区工作的朋友共进午餐。与其每天一个人吃饭，不如偶尔打个电话约其他朋友一起吃顿饭。如果没有时间一起吃饭，一起喝杯咖啡也可以。如果双方的距离稍远，坐出租车去也没关系，反正只不过是偶尔的聚会。

人际关系的保鲜功夫其实很简单，就像Outlook，只要你会用，打开就可以对收到的名片进行整理。在名片的背后加上备注，包括与对方相遇的地点、介绍人、他的兴趣特征，以及交谈时所聊到的问题等，务求详细，然后将这些人的讯息写在备注栏里，以后只要用“搜寻”功能，便能将同类型的人找出来。

不管你是谁，不管你的人际关系有多少，都请你加强对人际关系保鲜的重视程度。千万不要认为自己没有时间，事实上抽空写封电子邮件，浪费不了你多少时间。关键是你懒得动，忙只是你的一个借口而已。

从今天开始，请不要再以自己忙为借口了！你可以与你的朋友们经常联系，这样，你日积月累的人际关系保鲜功夫可以让你的人际关系时刻保持着活力。

我们可以通过以下方式来进行人际关系保鲜的功课。

1. 充分利用网络

网络已经成为一种流行甚至时尚的交往方式，QQ上一句留言、微信上一个搞怪的表情都有可能让你的朋友在对面哈哈大笑或处于感动中，从而对你的印象更加深刻。这是经常处于忙碌状态而难以脱身的人维护人际关系的一种秘密武器。

2. 得意或失意，都要打电话

你的某个朋友失业了，正处于无比沮丧时，你不妨打一个电话过去，提个不错的建议，给予一些帮助，提供一个工作机会，这样就能建立一种忠诚的人际关系。

3. 让你的人际信息都是有效信息

你的朋友升迁了，搬家了，换手机号了，以前的邮箱忘记密码了，等等，这些问题都很常见。这就导致你的通信录的某些信息成了“无效信息”。这就需要你随时留意朋友的变化，常常关心一下朋友。

4. 别让你的人脉内部分裂

你的朋友中可能有人一时意外或疏忽，与你的另一个朋友产生矛盾。这时你要挺身而出，义不容辞地出来调解。如果能帮助他们化解矛盾再好不过，对双方都有利，两方都会感激你，即使调解不成，他们也会理解你的一片苦心。

5. 送礼品请多些创意

朋友生日了，结婚了，要开一家店了……这个时候你就需寄送贺卡或相关的有纪念意义的礼品。赠送礼品是有讲究的，要尽量有创意，才显得你的特别，朋友才会对你另眼相待，感动于你细致入微的心思。所以千万不要低估一张贺卡或一份礼品的力量。小处可见大，成大事者要从小处着手。

6. 把有用的信息告诉你的朋友

通过你的朋友你可以获取很多对你有利的信息。反之，你也要考虑到你的朋友，他是不是也需要你为其提供一些有用的信息呢？如果需要，你就要留意起来，留意一下你的朋友有哪些癖好、兴趣和特别的需要。另外还要观察自己身边的信息，将对朋友有利的信息提供给他们，你留给他们的印象就不会被抹除了。

7. 心到不如人到

这是最重要的一点。婚礼、重要演出、颁奖典礼等，这些对朋友来说肯定特别重要。当然，如果你特别特别忙，也可以不必参加，事后弥补。但是你得明白“心到不如人到”，事后你弥补得再好，都不如你到现场看一下。把你朋友的事当作一件大事对待，你才能抵达你的朋友的心里，让他永远都不会忘记你！

第三章

社交有规则，善交际要懂心理学规律

社交是每个人都无法回避的生活内容，所以如何社交是每个现代人都要面临的新课题。其实，掌握了社交规则，懂得了社交心理，社交也就不再是一件难比登天的事情了。

首因效应：良好的第一印象是交往的前提

首因效应，又称作“第一印象效应”，指两个陌生人第一次见面时对对方的印象会对两个人之后的交往产生影响。第一印象真的有那么重要，能够对今后两人的交往产生难以磨灭的影响吗?

为了揭秘首因效应的奥秘，心理学家设计了一个较为典型的心理实验。心理学家让两组被试者看同一张照片。他对甲组的人说，这是一个屡教不改的罪犯；对乙组的人说，这是位著名的科学家。接着，他让两组被试者看完后分别描述这个人的性格特征。

结果，甲组的人异口同声地描述道：照片上的人眼睛深陷，隐藏着罪恶；额头高耸，表明他是一个死不悔改的惯犯。乙组的人则赞美道：他目光深沉，表明他聪慧睿智；高耸的额头，正是科学家拥有坚毅性格的体现。

这个实验表明：若第一印象形成了肯定的心理定式，会使人在后续了解中多偏向发掘对方美好的品质；相反，若第一印象形成的是否定的心理定式，则会使人在后续了解中多偏向揭露对方令人厌恶的品质。

在人们的日常交往中，尤其是与别人初次交往时，一定要注意给别人留下美好的印象。第一印象的形成主要是依靠言行举止、面部表情、衣着打扮等，判断一个人的内在素养和个性特征。初次见面时，一声温馨的问候，一张甜美的笑靥，一身得体的服饰，一个优雅的举动，都能给对方留下美好的第一印象，而且这种良好的印象将会保持下去。因此，在交友、求职、谈判等社交活动中，我们可以充分利用首因效应，将自己最美好的一面展示给对方，为日后进一步的深交打下良好的基础。

有一位新闻系的应届毕业生四处应聘无果。一天，他到某报社对总编说："你们需要一个编辑吗？""不需要！""那么记者呢？""不需要！""那么校对呢？""不，我们现在什么空缺也没有。""那么，你们一定需要这个东西。"

只见他机敏地从公文包中拿出一块精致的小牌子，上面写着"额满，暂不雇用"。总编看了看牌子，微笑着点了点头，说："如果你愿意，可以到我们广告部工作。"这个大学生通过自己制作的牌子表现了自己的机智和乐观，给总编留下了美好的第一印象，从而为自己赢得了一份满意的工作。

生活中也有一些原本很优秀的人才，因为某些原因没有给别人留下较好的第一印象，从而与成功擦肩而过。

马鸣是某高校研究生学院的高才生，毕业后他到一家知名公司应聘。应聘的那天，快到结束时间时，马鸣才急匆匆地赶到了公司。只见他身穿一件红格子衬衣，满头大汗，头发凌乱。招聘的老总见了他这副模样，皱了皱眉头，准备草草地将他打发走，便问了他几个很刁钻的专业问题。没想到，马鸣回答得头头是道。最后，老总考虑再三，决定录用马鸣。

第二天，马鸣第一次来上班时，老总对他说道："你给我的第一印象太坏，如果不是后来回答问题时相当出色，你一定会被淘汰的。"马鸣忙问原因。老总说道："面试时你衣着不整，特别是你那件红格子衬衫，更是显得不伦不类的。"马鸣听罢，告知了原委。

原来，马鸣在去公司应聘的路上，遇上路边发生车祸，他协助司机将伤员送往医院后，发现衣服染上了血迹。他忙回家换衣服，碰巧衣服没干，只好借穿了表弟的衣服，最后气喘吁吁地赶到公司。时间虽然赶上了，他却是一副狼狈相。老总知道原因后，会心一笑，善意地提醒他以后一定要给别人留下良好的第一印象。马鸣的工作很出色，不出半年，就被升为业务主管，深得老总的器重。

尽管人们知道第一印象并不完全可靠，甚至还有可能会出现很大的偏差。但是，绝大多数的人还是会下意识地跟随第一印象的感觉走。我们在日常交往过程中，除了注重自身的仪表风度、言谈举止，为他人留下美妙的第一印象外，还要克服第一印象给认知带来的障碍。我们在结交朋友时，不能仅凭第一印象就妄加判断，这样往往容易错判奸良，带来不可弥补的遗憾。“路遥知马力，日久见人心”。人心是复杂的，真正的朋友或许并没有给你留下美好的第一印象，但绝对是那个在你危难时伸出援手的人。

近因效应：最近的印象不能代表一贯印象

在人际交往中，对他人最近、最新的认识会占据主体地位，从而掩盖了以往形成的对他人的评价。心理学上将这种心理现象叫作“近因效应”。近因效应是指在总体印象形成的过程中，新近获得的信息对人们认知的影响远远大于以往所获得的信息。这是因为，在印象形成的过程中，人们对原来的印象逐渐淡忘，当有新信息进入视野时，容易对人们的感官产生新的刺激，从而形成最新的印象，直接影响人们的认知和判断。

与首因效应相比，容易发生近因效应的情景和人群也有所不同。心理学的研究表明，在人际交往的初期，彼此还比较生疏的情况下，首因效应起着较大的作用；而在交往的后期，在彼此已经相当熟悉时，近因效应的影响相对更大。此外，一般心理上开放的人容易受近因效应的影响；而心理上保持高度一致，具有稳定倾向的人，容易受首因效应的影响。

近因效应是由美国心理学家卢钦斯通过实验后得出的结论，其中最著名的是关于吉姆印象的实验。

卢钦斯编写了两段文字，用以描写一名叫作吉姆的男孩的生活片段。第一段文字将吉姆描写成热情外向的人，另一段文字则把他描写成冷淡内向的人。接下来，卢钦斯将重新组合后的两段文字分别给不同的被试者阅读。第一组，描写吉姆热情外向的文字先出现，冷淡内向的文字后出现；第二组，描写吉姆冷淡内向的文字先出现，热情外向的文字后出现。

实验结果表明，先呈现的信息比后呈现的信息有更大的影响，即首因效应的作用较大。但是，卢钦斯进一步的研究发现，如果在两段文字之间插入某些其他活动，如做数学题、听故事等，则大部分被试者会根据活动以后得到的信息对吉姆进行判断。也就是说，新获得的信息对他们的社会知觉产生了更大的影响。

有关近因效应的例子，在我们的生活中随处可见。多年不见的朋友留给你最深的印象，往往是临别时的情景；一个朋友总是让你生气，可是谈起生气的原因，大概只能说上两三条；某社会名流声名卓著，到了晚年却因为一桩丑闻而臭名昭著；夫妻之间吵架，一气之下忘记了过去的相濡以沫，闹嚷着要离婚；多年的生死之交，可能因为最近的一次小小的误会而分道扬镳；人们在谈话中总爱把最近看到的事物作为话题，或是把最近看到的一本书上的内容作为例证来说服他人；企业的管理者在对员工进行评价时，往往也是把员工最近的表现作为重要的评价依据。

近因效应提醒我们，在人际交往中要特别注意近期的表现，保持一直以来树立的良好形象。特别是在面对老朋友时，我们对每一次的交往都要认真对待，千万不能因为自己一次出格的行为，毁了多年培养起来的深情厚谊；与朋友发生矛盾时，要等到彼此心平气和的时候，再坐到一起促膝而谈，倾听各自内心的真实想法，避免多年的友情毁于一旦；在临别之际，给予朋友美好的祝福，即使你们曾经有过嫌隙，也会在这一刻冰释前嫌。

此外，我们在认识他人时，不能只看一时一事，被暂时的、个别的行为所迷惑，要培养起全面考虑的思维方式，结合对方一贯的行为做出公允的评判，从而消除由于近因效应而产生的认知偏差。

在日常交流中，往往是最后一句话奠定了整段话的感情基调。比如，我们介绍一个人时，前面说了他的很多优点，接下来一个“但是”，数落了他的一个缺点，人们往往忽略了前面所听到的那些优点，反而对这个缺点记忆深刻。又比如，老师对学生说：“随便考上一所学校，应该没有什么问题吧？虽然录取率那么低。”或者说：“虽然录取率那么低，但总能考上一所学校吧？”这两句话的意思是一样的，只因语序不同，给人的印象却截然相反：前者给人留下悲观的印象，后者则给人一种乐观的印象。

变动语序可能会带来两种截然相反的意思，这同样也是近因效应的作用。

清朝时，曾国藩领导湘军镇压太平军。在最初的交锋中，湘军一直处于劣势，连续几次都吃了败仗。曾国藩在上报朝廷的奏折中如实写道："湘军屡战屡败。"他的师爷看后，摇摇头，建议将"屡战屡败"改成"屡败屡战"。

曾国藩听从建议，后来事实证明，这一举动是明智的。朝廷看到奏章后，认为曾国藩虽然连遭败仗，仍然顽强地战斗，忠心可嘉，所以不但没有依照军法论处，反而对他委以重任。完全相同的四个字，只是调动了"败"与"战"的位置，便将一个败军之将的形象塑造成勇于挑战的正面形象，传达出一种百折不挠的勇者精神。

罗兰曾说过："交朋友不是让我们用眼睛去挑选那十全十美的，而是让我们用心去吸引那些志同道合的。"最近的印象往往是最清晰、最深刻的印象，却不一定是最全面、最正确的印象。我们不能因为对一滴水厌恶，就否定了大海的浩瀚；不能因为对一片云恼怒，就放弃了整片天空。

相悦定律：喜欢对方，对方才会喜欢你

相悦定律，是指人与人在感情上的融洽和相互喜欢，可以强化人际间的相互吸引。也就是说影响一个人是否喜欢另一个人的重要因素是，对方是否也喜欢自己。“相悦定理”在人际交往中起着重要的作用，因为人们往往喜欢那些喜欢自己，能够给自己带来愉悦的人。心理学家曾做过这样一个实验，用以证明人们在“美言”面前的反应。

心理学家将被试者分为三个小组，让他们分别听到另外一个人对他们的评论，这些评论来自想要得到他们帮助的人。第一组听到的全部是赞美之词，第二组听到的全部是负面的评论，而第三组听到的是好坏参半的评论。

实验结果表明，尽管完全明白评论者有求于他们，正面的评论不一定都符合实际情况，被试者仍然喜欢那些称赞他们的人。这说明，“好听的话”能给人带来愉悦的心情，引起对方的喜爱。

在人际交往中，我们都希望自己的言行品貌能够获得他人的认可和欣赏。对方的良好评价能够让我们获得社会交往和自尊的满足，从而使我们产生愉悦的感情，我们也会以相应的友好态度回报对方，于是彼此间的情谊便会更加深厚；相反，对那些厌恶我们的人，我们也同样厌恶他。

乔·吉拉德是世界最伟大的销售员，他成功的秘诀就是让顾客喜欢他。为了得到顾客的喜欢，他会去做一些在别人看来是费力不讨好的事。例如，每个月，他的所有顾客都会收到他寄来的问候卡片，乔的卡片上永远都只有这样一句话——“我喜欢你”。除此之外，别无他语。

正是这样一种不可思议的方法帮助乔·吉拉德平均每天卖出6辆车，年收入超过20万美元，创造出连续12年销售第一的奇迹，被吉尼斯世界纪录誉为“世界最伟大的销售员”。

一句让人听起来明知是推销手段又缺乏个性的话，却难以置信地帮助乔·吉拉德取得了如此卓越的成绩。事实证明，这是相悦定律在起作用。

我们可以看到，正是因为乔·吉拉德告诉他的客户们“我喜欢你”，才使得他的客户们也喜欢他，也就更加愿意购买他的产品。在这里，我们别小看这么一句话的作用，它能使对方知道你在想什么；如果缺少了这么一张卡片，即使你真心喜欢、感谢你的顾客，对方也不会知道。

春秋时期，齐相管仲不幸得了重病。齐桓公前来探视，他看见管仲望着自己欲言又止的样子就诚恳地说：“你现在病重了，应该好好休息，不必为国事操劳，如果有不放心的事，你就说出来。”管仲见齐桓公如此一说，便忧心忡忡道：“好吧，既然主公愿听，我就说。”

管仲道：“主公打发了易牙、竖刁、公子开方这几个人吧！”“为什么？他们都对我很忠诚啊！易牙愿煮自己的孩子给我吃；竖刁为留在我身边，愿自宫当太监；公子开方多年追随我，连父亲病故都未曾离去。这些人忠心耿耿，何需提防？”

“主公，您仔细想想就会明白。一个连自己骨肉都忍心杀的人难道不会杀您吗？一个愿残损自己身体的人难道不会残害您吗？一个父亲去世也不回去奔丧的人难道不会背弃您吗？所以，请主公三思而后行！”齐桓公信服管仲，等到管仲死后，他就按照管仲的遗言把易牙等人打发出宫。

易牙等人走后，齐桓公整日茶饭不思，寝食难安，熬了三年，还是找回了易牙等人。

次年，齐桓公卧病不起，易牙等人便开始为非作歹，他们三人幽禁了齐桓公，把持朝政。最终，齐桓公病死在宫中。临死时，齐桓公悲叹：“管仲一言千金也。”

齐桓公的表现从心理学的角度来看，实际就是受相悦定律的影响。

人们的相互喜欢主要体现在语言和态度上。对于好话我们往往是难以拒绝的，对于逆耳之言则非常抗拒。喜欢真诚与温和的态度，不喜欢虚情假意和横眉立目，这是人类的天性。

了解了人际吸引的相悦定律，就可以用它来指导我们的交际，以便能更好地交往与沟通。首先，我们要用友善的态度对人，不要轻易地说负面评价，随随便便地当面指责他人的缺点，这样才能取得别人更多的信任和喜爱。其次，我们在交往中要保持相对的理性，不要一味受到相悦定律的驱动，只与说好话的人交往，甚至落到奉承的陷阱里。最后，不要只和自己喜欢的人交往，要知道，在那些我们不太喜欢的人中，或许也有许多良友益师。

改宗效应：老好人心态要不得

美国社会心理学家哈罗德·西格尔通过研究发现，当一个观点对某人来说十分重要的时候，如果他能用这个观点使得一个反对者改变其原有意见而和他持一致观点，那么他更倾向于喜欢那个反对者，而不是一个从始至终的同意者。简而言之，人们喜爱那些在自己的影响下改变观点的人甚于那些一向附和自己观点的人。显然，人们通过和某人辩论使某人改变观点，从而感觉到自己是有能力的且拥有成就感。这一发现被称为“改宗效应”。

很多人信奉交际要圆滑、玲珑的论调，他们认为要想有人气，就要做交际圈子里的好好先生。所谓的好好先生，就是在团队里和稀泥的人，他们的口头禅就是“好，好，好”，无论你说什么，都会发出赞同的声音。

你有时候会不会因为怕得罪人，从而违背自己内心的观点去附和别人的意见？你有时候会不会因为想讨上司的喜欢，从而不敢说出自己真实的想法，只是一味点头？

殊不知，由于改宗效应的作用，这种“你好，我好，大家好”的好好先生并不会真正得人心。这类没有主见的人充其量就是初步交往的对象，并不值得进一步的深层次交往。

“嗯，这个意见不错。”“你说什么就是什么。”这些就是好好先生李林的口头禅。不管你说什么，他都会做出应和的举动，以此迎合你的观点。他奉行着“多栽花少挑刺”的理论，表面上与人为善，暗地里自有一套想法和做法。

开始，周围的朋友都认为李林很好相处，可是几次处事之后，大家对他有了新的印象。交际圈的朋友一致认为，李林凡事“好，好，是，是”的态度给大家留下一种没能力的感觉。

李林的一位朋友考虑跳槽到一家新的公司。这家新公司发展前景很好，只不过待遇没有老公司的高，他的朋友陷入去留难以抉择的境地。李林在心中认为朋友在新公司上升的空间较大，但是他却没有那么说，只不过发表了一些模棱两可的观点，最后说：“还是看你的决定吧。”朋友没有得到有建议性的意见，只得沮丧地走了。这样的事情还有很多，久而久之，朋友们对李林的做事风格习以为常，一行人与他渐行渐远。

李林与人交际失败的原因在哪？其实错误的根源就在于老好人心态。心理学家已经明确指出改宗效应对人际关系影响十分重大，好好先生的做法在如今的社会根本行不通。相反，那些敢于直言，勇于提出自己观点的人更容易给他人留下良好的印象。所以说，人际交往中不要忽略改宗效应的存在，它无时无刻不在影响着人的心理。从心理学的角度上看，好好先生是因为某些习惯或定向思维模式而不愿意得罪人或者担风险。碰到事情，他的心里恐惧不安，害怕不好的事情找上门来。所以，在人际交往中，他们因为害怕失败或者有其他考虑不愿意发出带有异议的观点。在这种心态的影响下，他们在任何事情和人面前都毫无主见，人云亦云。

如今，交际圈有句口号“做好人，不做老好人”，这句话有一定道理。好好先生表面的一团和气会伤害友情，伤害交往对象，最终伤害了自己。

犯错误效应：不完美的人更有吸引力

生活中常常有很多这样的例子：一些在各方面都表现优秀、几乎完美无缺的人，往往在人际交往中不太讨人喜欢；相反，那些虽然很优秀，却偶尔会犯小错误的人深受人们的青睐。这种现象在心理学上被称为“犯错误效应”，也叫“白璧微瑕效应”，即小小的错误反而会使有才能者的人际吸引力提高，白璧微瑕比洁白无瑕更令人喜爱。

社会心理学家阿伦森设计了这样的实验：在一次竞争激烈的演讲会上，共有四位选手，其中两位才能出众，不相上下，另两位才能平庸。才能出众的选手中有一位不小心打翻了桌上的咖啡，而才能平庸的选手中也有一位打翻了咖啡。

实验结果表明：才能出众而犯了小错误的人被视为最有吸引力，才能出众而未犯错误的人吸引力居第二位，才能平庸而犯同样错误的人最缺乏吸引力。

小李是某家大型外资企业的职员，他能力超群，为公司赢得了很多的客户，获得了巨大的利润。令人匪夷所思的是，他在同事中并不受欢迎，很多人都有意无意地躲避他，甚至还有人私底下挖苦他，叫他“机器人”。他在公司里没有一个朋友，独来独往，很是寂寞，不明白别人为什么要这样对待他。

有一天晚上，苦闷的小李独自到酒吧喝得酩酊大醉。第二天睡过了头，他急匆匆赶到公司时已经迟到了一个多小时。他以为老板会因此责怪他，同事们会瞧不起他，他甚至做好了辞职的准备。

然而，令他惊奇的是，不但老板没有责备他，同事们也开始对他笑脸相迎。他不知道，他的无心之过帮助了他，使他在人们心目中的形象丰满起来，变成了有血有肉的人，而不再是“机器人”。

心理学上对犯错误效应提出了两种解释。通常，人们都喜欢结识一些品行、能力都很优秀的人，但是如果他们表现得过于完美，没有一丝瑕疵，又会给人一种不真实的感觉。人们对于这样的人不是真正地接纳和喜欢，而是一种保持距离的敬而远之。

另一种解释是从人的自我价值保护的角度阐释的。在通常情况下，人们都喜欢有才能的人，才能与被喜欢程度是成正比例关系的。但是，大多数人都不喜欢充当“绿叶”，如果对方能力超群，所有的鲜花与掌声都是给他的，自己跟他站在一起，只能衬托出他的优秀，而自己则显得卑微。时间久了，换作谁都不会喜欢这样一个时刻使自己显得无能的对象。

相反，一个犯小错误的能力出众者则减少了这种压力，缩小了双方的心理距离，保护了他人的自尊，因而也赢得了更多人的喜爱。

“水至清则无鱼，人至察则无徒。”完美的人并不招人喜欢，“断臂的维纳斯”则更富有魅力。如果你是一个强者，不要过于追求完美无缺，适当地示弱，适度地暴露些瑕疵反而会赢得更多的掌声。

有一位大龄未婚女性，学历高，容貌姣好，事业有成，在很多人眼中算得上是很完美的人了。可是，突然有一天，她意识到，朋友们都走入了婚姻的殿堂，而自己转眼快到四十岁了，还是孑然一身。她感到很困惑，自己这样完美的女子怎么就遇不上优秀的男人呢？其实，正是她的这种“完美”吓跑了一大批追求者。很多没有她优秀的男士，害怕她的光彩让自己黯然失色，只好望而却步，打消了念头。

当然，并不是说一个人犯的错误越多，越能增加魅力，“犯错误效应”的产生是有条件的。犯错误者应该是那些具有非凡才能的人，而且是偶然地犯一些无伤大雅的小错误；如果是能力平庸的人犯错误，反而会让人不满。

因此，在人际交往中，我们若想让别人喜欢自己，就不要苛求完美无缺。我们在修炼自身能力，努力成为一个强者的同时，偶尔犯下一些可以被人谅解的小错误，容易让身边人产生亲近之感，为你赢来好人缘。

第四章

提高情商指数，走出“感情社交”的第一步

别人是否喜欢你，是否想要与你交往，在很大程度上取决于你的情商指数。情商高的人善于共情，用自己的正面情绪来感染别人，这就使得他们充满了吸引力。当然，自身的高素质也很重要，如自信、热情、懂得感恩等。想成为社交达人，就要在这些方面修炼自己。

热情是人际交往的润滑剂

从何时开始，你的生活日渐稳定而固化，对很多人或事物兴趣大减，甚至提不起任何精神？如果遇到这种情况，请保持高度的热情，你的热情可以瞬间拉近你与他人之间的距离。

如同磁铁能吸引四周的铁粉，热情也能吸引他人、感染他人。TED演讲是由全世界各个领域的优秀人才做的不超过18分钟的演讲，每一位演讲者浑身上下都散发着无限的热情，这样的热情感染了所有观众，这也正是TED演讲如此受欢迎的原因之一。

人们常说："热情是一种动力。"要想成为被支持的人，付出自己的热情必不可少。在人际交往中，我们付出了自己的热情，就意味着收获了别人的支持。要知道，任何人在交往中都希望获得别人的尊重，足够的热情恰好能够满足对方渴望被尊重的心理。

对素昧平生的人来说，初次见面时，难免会在心理上产生一定的戒备。要想打破这种戒备心，获得对方的支持，就需要建立信任关系，而一个热情的开场白好比一阵温暖的风，可以让彼此脱去防备的外衣，接下来的交谈自然会比较顺利。

保持一颗热情的心，你就能以热情感染身边的每一个人。你若仔细观察各行各业中有杰出表现的人，就能从他们的眼神中看到他们对工作、对生活、对周围认识或不认识的人所表现出来的发自内心的热情。他们的热情可以使周围的人感受到他们的积极、友好和快乐，而你也将被他们深深地吸引住。

成功学的创始人拿破仑·希尔指出：“保持一颗热忱之心，将会给你带来奇迹。”热忱就是富足的阳光，可以给你温暖，给你自信，让你对世界充满爱。有热情而又能自控的人，在任何团体中都会受到欢迎。保持足够的热情，生活才能“热气腾腾”。

不管做什么事情，先拿出自己的热情来。而锻炼你的热情，和你每天的体能运动一样重要。当你的热情为负时，即使你能力再强，也可能与成功失之交臂。如果你缺乏足够的热情，那么下面这套训练，将会对你有所帮助。

第一，要十分在乎某件事，比如十分在乎某个目标或想法。对某件事的在乎，其实就是为培养热忱而暖身。

第二，把你的热情大声地喊出来。早晨醒来，对自己说：“我要快乐！”“我要结交更多的朋友！”你就会真的变得很快乐并且会认识很多新朋友。因为你收到了一个很棒的礼物——全新的一天，你要让今天过得比昨天更好。

第三，以童心看世界。不管你年纪有多大，都要用充满好奇的童心看待这个世界。孩子总是抱着好奇的态度，觉得这个世界充满了未知，所以，你也要随时保持热忱、期待的心态，全身心地投入每一天的生活当中。

第四，调动起自己全部的热情去做每一项工作，对待每一位同事和客户，你会发现自己奇迹般地成了办公室里最快乐的活跃分子。

别让情绪化成为人际交往的障碍

在情绪面前，很多人都有着各式各样的烦恼：“一遇到烦心事，我就哭个没完。”“与他人意见相左时，我总是生气，控制不了自己的情绪。”“为什么明明心里不爽，还一定要强迫自己控制住情绪？”“和别人争执不下时，我总是抑制不住愤怒，很想爆一句粗口。”“听到别人对自己的批评时，我的负面情绪就会瞬间膨胀。”“当一段恋情结束时，我常常会不由自主地哭得撕心裂肺。”……

关于情绪的表达与处理方式，哪些是可以接受的，哪些是不可接受的，并没有一个放之四海而皆准的标准。但是有一点毋庸置疑——生活中充满了冲突与烦恼，人与人的交往更是如此。

在交际活动中发生冲突，如果一味地急躁、冲动、情绪失控，难免会怒从心中起，导致人际关系进一步恶化。虽说人非草木，难免会有发脾气、情绪不佳的时刻，但是失控的情绪一旦爆发，很容易让人说错话、做错事。

举个例子，如果你是下面这个故事中的那位客户，你希望和谁合作呢？

A和B分别是两家公司的业务经理，各自经过长时间的接洽、协商，客户终于同意就某个项目进行签约。但是就在正式签约的当天，客户那边突然不签了，并且诚恳地道歉，说因为公司老总对这次合作模式有新的想法与意见，需要过一段时间才能做最后的决定，希望能择期再联系。

面对这一突发状况，业务经理A觉得对方是在欺骗、玩弄自己，越想越怒，越想越受打击，一气之下，忍不住对对方的采购经理大声嚷嚷，直到自己宣泄完才拂袖而去。

而业务经理B面对此种状况却表现得心平气和。他想：假使对方真的没有诚意，就算死缠烂打也无济于事；如果对方有诚意，迟早会再联络的。而且仔细推敲这位采购经理的话，似乎也没有到绝境，只要彼此维持良好的互动，日后必有合作的机会。所以，业务经理B平和地接受了采购经理的请求。

一周后，对方的总经理在详细了解了具体情况后，竟然决定大幅增加采购清单上产品的种类和数量。

现在，假如你就是那位采购经理，又会选择哪位业务经理呢？想必很多人的答案是B。

很多时候，当人际关系从亲密变得紧张，从友好变为对立时，我们的负面情绪往往会瞬间膨胀，从而变得焦虑、愤怒、不安。虽然很多人会说“我知道我不该为这种小事烦恼，可我就是忍不住”“我应该过得比现在更快乐”之类的话，但是不管怎样，情绪失控仍然是人际交往的一大障碍。

在人际交往中，如果没有良好的情绪状态，往往会直接影响到交际质量。比如，有的人在取得某些成绩或是被人羡慕的情况下，常常会沾沾自喜，得意之色溢于言表，甚至教导别人该如何如何。这样的人只会被别人轻视，又何谈与人交往？

同样，情绪表达没有分寸也会影响交往。有的人总是不分场合、不看对象、不顾轻重随意宣泄自己的情绪，这样的人难免给人留下不好的印象，让人不愿与之接近；有的人永远是一副故作深沉的模样，对容易引起情感共鸣的事情反应很冷淡，试想，又有谁愿意与这种冷漠无情的人交往呢？

看看生活中的那些小有成就的人，无不是乐观主义者，当遭遇冲突、矛盾时，他们常常能够很好地控制、排解负面情绪，所言所行皆出于理性思考，而且他们更擅长化愤懑、忧虑、沮丧为力量，不会轻易让失控的情绪害了自己。

你要明白，一个人怎样对待某种情绪，选择权完全在他自己手里。不管你的情绪是好是坏，你都不能把自己困在这个特定的情绪里。事实上，你完全可以做出一些改变，从而避免把自己搞得很紧张、很压抑。但是，如果你长时间情绪低落、意志消沉，你就有必要寻求专业人士的帮助了。

懂得感恩，拓展你的人际关系网

一位哲人说："一个不肯助人的人，他必然会在有生之年遭遇大困难，并且大大伤害到其他人。"是的，人想要活在这个世界上是不可能脱离社会的。你的衣食住行、你的工作娱乐无不与别人存在着千丝万缕的联系，你的一言一行、你的一举一动无不对别人产生或大或小的影响。"我为人人，人人为我。"我们必须认识到，人与人相互支撑是社会生活的法则，从而学会乐于助人。如果你为我撑一把伞，我也为你撑起一把伞，我们就能共同撑起一个完整而和谐的世界。

王璐刚刚失恋了，眼看着相恋三年的恋人离她而去，她感觉像死去了一样。但这时毕业在即，她决心打起精神找工作。

在一次求职面谈中，她认识了一位温和可亲的大姐。这位大姐已经是那家大企业人力资源部的经理了，她比王璐年纪大，凭着丰富的阅历，一眼就看穿了王璐的心事。

这位大姐诚恳地劝王璐：“与其让自己沉溺在一段逝去的感情中，不如找一份有挑战性的工作，好好冲刺，挖掘自己的潜力，让别人看到不同于以往的你，将来会有更好的伴侣出现在你的身边！”

王璐谨记这位善良大姐的劝告，把全部精力投入工作中。半年多下来，她就做得成绩斐然，感情的阴霾也渐渐离她远去。一个周末，公司的庆功活动结束之后，她走在回家路上，脑海中突然浮现大姐的身影，心中尽是感激。于是，她彻夜不眠地写了一封很长的电子邮件发给那位大姐，信中谈到了自己半年来在职场上打拼的成果以及目前的工作情况，同时向大姐表示了自己的感谢。

从那一次开始，两人就用电子邮件来往。虽不是经常联系，但每隔一段时间，就会交换问候。一年以后，已经升任为人力资源部部长的大姐突然打电话给她：“现在公司业务部有个主管职缺，高层决定实行公开招聘，择优录取，你要不要来试试？”

经过几个星期的面谈，王璐在众多竞争者中脱颖而出。这时的她诚心地向这位大姐道谢：“您真的是我生命中的贵人！”

这是一个流传很广的职场故事，凡是听到这个故事的人，都会感叹：“这女孩真是幸运！刚刚参加工作，就能碰到贵人。”其实，与其说王璐比别人幸运，倒不如说她比别人更懂得感恩。

当别人给予你某种帮助时，一句感谢的话不仅能拉近双方间的距离，也会成为双方更深入交往的起点。故事中，如果王璐把那位“关键时候拉过自己一把”的大姐忘得一干二净，只顾做自己的工作，也许，这样的贵人、这样的提升机会，她永远都不会再碰上了。

现在的年轻人多半都是独生子女，由于父母总是愿意为他们处理一切事情，他们容易养成一种索要的习惯。甚至在参加工作之后，他们也总是自以为别人都应该对他们好一些，如果有了一点“不如意”，就喜欢抱怨来，抱怨去，却很少想到感激别人。

所以，一位年轻人在踏入社会之前，他的父亲什么也没有多说，只是告诫儿子：“遇到一位好老板，要忠心为他工作；假如第一份工作就有很高的薪水，那算你的运气好，要努力工作，感恩惜福；万一薪水不理想，千万不要抱怨，要懂得在工作中磨炼自己的技艺。只要你懂得感恩，你就会受到大家的欢迎，你才能有良好的人际关系。你一定要记住，不懂得感恩的人，绝不会有机遇！”

还有一位智者曾说：“我们天天都在索取——向众人索取声名，向市场索取财富，向爱人索取幸福，向保健品索取健康……什么时候你知道了感恩和回报，你就能好好地生活下去。”

而著名决策咨询专家王力谈到感恩的重要性时这样说：“感恩有利于‘降躁’，因为年轻人容易浮躁；感恩可以减压，因为年轻人‘找不到北’的时候容易压力大；感恩可以让你慢慢地升温，感恩可以让你慢慢扩容。”王力不赞成“性格决定命运”的说法，他认为，人有了感恩之心，就会有“第二性格”，也会由此改变命运。因为感恩的“直接功能”能提升一个人的人品，从而进一步提升一个人的人际关系。

所以，如果你能经常滋养自己的感恩之心，你就会不知不觉地发生变化，而你的人际关系网也会悄悄地拓展到社会的各个角落。

学会吃亏，但不能盲目吃亏

一个人不慎落水，因为他不会游泳，所以拼命挣扎着喊“救命”。闻讯赶到的岸上的人大声喊：“把你的手给我！”可是这个人就是不肯。眼看他就要被淹死了，岸上的人灵机一动，又喊：“给你我的手！”这个人马上把手伸了出来。

在现实生活中，很多时候，怕吃亏者就像故事中的落水者一样，总是期望从别人那里获取什么，得到领导的赏识和重用，而自己却付出很少。其实，得与失是相互依存的，也是相对的，有时候别人得到并不意味着我们失去。敢于吃亏，是宽容大度、忍辱负重、能屈能伸的象征。

如果一个人不懂吃亏，就不能领悟人生的真谛；不懂吃亏，就不会成就伟大的事业；最重要的是，如果不掌握吃亏这门学问，很可能得不到一个朋友。

当然了，要学会吃亏，也不能盲目吃亏。

人际交往由三个部分组成：自己、他人和环境。在通常情况下，我们在人际交往的过程中都需要考虑到这三方面的因素。比如：保护自己，考虑到他人的感受，明白在什么场合说什么话。

有两个人，一个叫志明，一个叫林建。

对志明来说，他很重视自己的想法和感受，但是忽略了他人和环境，有些懒散，觉得只要自己过得舒服就可以了。他生活得自由自在，没有约束，很随性，也很幸福，和一堆性格相似的人做朋友，交往起来也很舒服。他不管别人说什么，只要自己开心，其他都无所谓。

对林建来说，他很重视他人和外在的环境，过于在乎别人的感受和想法，但是忽略了自己。该拒绝的时候不懂得拒绝，一味地做老好人，在生活中去讨好每一个人，认为“吃亏是福”，只要别人高兴，自己怎样无所谓。虽然别人“好”了，但是他自己却过得很累，甚至有时候会吃力不讨好。

这是两种人际交往态度的选择，无论选择哪一种其实都没有错，只是各有利弊。

像志明这种让自己满意的人，往往让自己过得很舒服，但很可能会让别人对他不满意或者感觉不舒服。他不喜欢给自己任何约束，或者是强迫自己与不喜欢的人交往，但是他同时也会失去一些东西，比如多样化的朋友。或许这些朋友跟自己并不志趣相投，但是在其他地方也许可以帮助到自己。

总的来说，志明在人际交往中原则性太强，处理人际关系的界限过于僵硬。他的人际交往圈是一个封闭的系统，不够开放。所谓“人在江湖，身不由己”这种情况，绝对不会在志明身上出现。从某种程度上说，志明对人际交往的适应是一种消极的适应，他并没有努力去适应那些自己不喜欢的人际关系，而是回避。

林建是另一个极端，这种始终追求让别人满意的人，不懂得拒绝别人的要求，别人说什么就是什么，比较喜欢讨好人，反正他谁也不得罪；但这样做不仅自己很累，还没能照顾好家庭，同时太没有原则性，往往会吃力不讨好。

林建在人际交往的过程中原则性太弱，处理人际关系没有界限。他的人际交往圈是一个过于开放的系统，没有界限，不管什么样的人，他都不会拒绝，都不得罪。他往往得戴着假面具生活，活得很累，而又失去了自我，事后常常后悔不迭；但又因为难于摆脱这种无力拒绝的状态而自责、自卑。

如果你是那种让自己满意的人，应该注意在人际交往的过程中多说“是”，让自己的系统更加开放一些，让自己的那些原则有一些弹性。不仅仅要尝试和自己喜欢的人交往，也要尝试去了解与自己不同的人。虽然志明可以选择自己与什么样的人交往，但这应该只是一种选择，而不是回避。另外就是要多站在别人的角度去考虑问题，别人那样做、那样想一定有他的道理，并非自己所认定的东西就一定是对的，多从别人的角度去看问题，尝试去理解与自己不同的人。

如果你属于让别人满意的人，那么在人际交往的过程中则要多说“不”，让自己更加有原则一些。原则就是做事的规则，什么事情可以做，什么事情不可以做，按照怎样的方式做，这些都是原则问题。林建的处事原则就是宁愿自己吃亏，也要让其他人都满意。换句话说，林建要学会保护自己的利益不受损害。这样做并不意味着自私，要知道，保护自己不等于自私，敢于说“不”也并不一定会失去朋友。相反，有原则的人才能够赢得更多人的尊重。

换位思考，把焦点放在对方身上

很多的时候，我们想的是“别人能为我做什么”“别人能给我什么”，却从来不问“我能为别人做些什么”。

你或许也曾经碰到过这样的产品推销员，他在和你交往的时候显得相当“会做人”。不论面对谁，他总是会表现得像对方这辈子最要好的朋友一样，尽其所能地关心对方。可有一次，一位客户因为用了这位推销员推销的产品而产生不良反应，打电话请他帮助处理一下，这位推销员却拖了两个月之久，最后甚至连这位客户的电话都不接了。

现实中，这样的人其实真的不少。这种只索取却不给予的“单向收费”以及过河拆桥的不负责任的做法，使他们的职业形象一落千丈。所以，无论你再怎么笑容可掬、口吐莲花，如果你不能站在对方的立场用心替他人考虑，甚至影响到别人的实际利益，再好的交情都没用。

如果你想成为一名优秀的人际关系专家，你就应重视别人的需要。要对别人感兴趣，问别人喜欢回答的问题，鼓励他谈谈自己和他的成就。

请记住，对别人来说，他只会对自己的需求、自己的问题更感兴趣，而不是你的需求和问题。别忘了这点，尤其是你下次开始跟别人交谈的时候！

卡耐基在8岁的时候，有一次到姨妈家过周末。有位中年男人前来拜访，他跟姨妈聊过之后，就和卡耐基聊了起来。

卡耐基这个时候对帆船非常痴迷，而对方似乎也对帆船很感兴趣。他们俩的谈话一直以帆船为中心，两人很快成了好朋友。客人走后，卡耐基对姨妈说，他很喜欢这位来客，因为那个人也特别喜欢帆船！但姨妈却告诉他说，那个男人其实对帆船一点也不感兴趣，他是一位律师。

卡耐基不解地问：“那他为什么一直都在谈帆船呢？”

姨妈告诉小卡耐基：“因为那位先生是一位绅士，他愿意谈一些使别人高兴的事！”

这件事让卡耐基深受教育，直到成人后，他还时常想起那位律师富有魅力的行为。

所以，想做一个有社交吸引力的人，方法并不复杂，那就是在交谈的时候，你要发自内心地对别人的话题感兴趣，而不是把谈话的焦点集中在自己身上。

在与人交谈时，你要保持一种宽宏的气量。当你选择的话题过于专业，众人不感兴趣，你应立即止住；也不要滔滔不绝地表现自己的学识，而是要善于聆听，做出回应，才能真正做到有效的双向交流。要知道，聆听也是一种艺术，不聆听，就不能真正地交谈。在与刚认识的人谈话时，你应该看着他，并对他所讲的话题有反应，鼓励他继续说下去。

所以，在与他人交往时，每个人都应该换位思考一下，尽可能理解并满足他人的需求，这样才能建立好的人际关系，减少交往中的摩擦和困难，达到双赢的效果。

第五章

培养敏锐的观察力，掌控交际主动权

弗洛伊德曾说：“任何人都无法保守他内心的秘密，即使他的嘴巴保持沉默，但他的指尖却喋喋不休，甚至他的每一个毛孔都会背叛他。”在社交场合，练就察言观色的本领，读懂对方一颦一笑、一言一行背后隐藏的秘密，也就读懂了对方的内心世界。这将帮你瞬间掌控交际主动权。

每个人都有一张社交面具

现在，请你如实回答这样一个问题：工作中的你和生活中的你一样吗？说到这个话题，也许很多人会感慨颇多："为了维护自己在社交圈里设定的良好形象，我常常感到很累、很压抑。""我渴望释放压力，但又怕招惹事端。"……

在社交压力下，每个人都会尝试隐藏内心的真实想法，选择戴上一张虚假的面具。有的用微笑掩饰愤怒，有的用冷酷掩饰胆怯，有的用沉默掩饰空虚……我们似乎总是在尽力掩藏什么，不被他人发现。

在职场上，我们纵然有奇思妙想，对某些行为有自己的看法，也不得不装，因为一旦说出来很可能就会受到旁人的指责和攻击。

于是，很多人日复一日地戴着面具，继续装下去。似乎只有把真实的自己掩藏起来，贴上符合社会期待的标签，或者说戴上能够被别人接纳的面具，我们才足够安全。

然而，每张完美面具的背后都是辛酸。我们慢慢长大，发现自己的存在竟然那么渺小、那么微不足道，尤其是当我们发现这个世界上的很多人和事与我们所想的完全不一样，或是感受到了在成长过程中由生活带来的伤痛时，便学会了不再以本来面目示人。

尽管戴着面具可以给他人留下一个好的印象，能够与别人，甚至是不喜欢的人和睦相处，实现我们的个人目的，但是人与人之间的交往还在继续，如果我们终日以面具伪装自己，时间久了，我们也很难分清哪个才是真正的自己。

其实，最真实的你就很好，比戴着面具的你更可爱、更吸引人。就像每个人儿时纯真的样子，清澈的眼，烂漫的笑，没有任何面具覆盖，如花一般绽放。所以，从现在起，把你内心最真实的渴望，最诚实的想法和感受展示给这个世界，你一定会发现不一样的惊喜。

有那么一刻，你突然被伴侣感动，觉得他在你眼中是那么光芒四射，那么你敢不敢不装，而是深情地看着他的眼睛说："亲爱的，这一刻，我被你深深地感动着，眼前的你是那么闪耀，那么令人心动。"

有那么一刻，领导给你安排了一个项目，你不但不喜欢做，而且觉得这件事本来就毫无意义，那么你敢不敢不装出一副乐于接受的表情，而是如实地告诉领导："头儿，我理解你可能也是迫于无奈让我做这件事，但我总觉得做这件事特别没有意义，能不能让我去做自己更喜欢的项目？"

有那么一刻，你正主持一个会议，一位下属向你提出了一个不知道如何解决的困难，而你也跟大家一样觉得无从下手，那么你敢不敢不装作自己知道怎么解决的样子，而是如实告诉下属："其实我跟你们一样，也不知道怎么解决这个困难，我也很困惑、很头疼，甚至睡不着觉。"

在现实生活中，我们总是给自己戴上无形的面具，同时惊讶地发现，周围人的脸上也同样戴着面具，但是谁都不知道此时面具下的表情到底是欢笑还是悲伤，或是其他什么。其实，我们完全可以选择真实地活着，做最真实的自己，真实地表达自己的想法和感受，总有一天，你会发现自己竟然也能活得轻松、坦荡。

读懂肢体语言，也就读懂了对方的心

对于我们每一个人来讲，肢体语言是一种体现个人情感的外在表现形式，是在交际过程中十分重要的一个环节。因此，每一个手势或动作都有可能成为我们透视他人情感、情绪的关键线索。

拥有良好沟通能力的人，不会错过任何通过肢体语言、面部表情传递的信息。

也许一个人与你交谈的时候会在语言上欺骗你，但是你要知道，无论是谁，即使他把谎言说得如何美丽、如何天衣无缝，但他的身体语言一定会“揭穿”他所说的谎言。因为，任何人的谎言都欺骗不了自己的内心。

在一家公司做秘书的小吴，拿着一份文件去找新来的经理签字，在打开文件的时候，不小心碰翻了经理放在桌子上的茶杯。茶水淋湿了文件，也滴到了经理的裤子上。她吓得不知所措，等待着经理大发雷霆。可是经理一句话也没说，只是狠狠地瞥了她一眼，然后示意她出去。

就在两个月前，小吴曾因工作上的失误被原来的经理训斥了一顿，不过她走出办公室后就不太紧张了。而这次，虽然经理没有骂她，但那不满的眼神却让她感到不舒服和恐慌，于是她一会儿担心奖金被扣了，一会儿担心自己被炒鱿鱼。

语言是我们沟通的常用工具，但人类除了语言，还有其他的交流工具，那就是身体语言。一颦一笑、一举一动，都体现了某种情感、某个想法、某个态度。很多人认为语言的交流方式给人提供了大部分的信息，事实上，心理学家发现，人类的沟通更多的是通过他们的姿势、表情、动作、位置以及服装等进行的，而不是面对面地进行的。人际交流中65%的信息是以非语言的方式进行的。

与口头的语言不同，人类的身体语言表达多是下意识的，是思想的直接反应，可能没有引起人们的注意，但是它在无声中传递了更多的信息。而且，身体语言还有一个很大的优势，就是它的真实性。人可以口是心非，但却很难做到“身”是心非。根据一个人的姿态和动作，可以洞察他的真实心理。

比如，当一个朋友走到你身边，轻拍了一下你的肩膀，微笑着对你说：“笨蛋！你在干什么呢？”你会生气吗？不会。尽管你听到他叫你“笨蛋”，你仍然会高兴地回答他，因为他脸上带有微笑，他轻拍你的肩膀，表示出了他的友好。

如果另一个朋友从你身边经过，你微笑着跟他打招呼，他也嘴角上扬地回应你，脸上却没有任何的表情。等他走过之后，你回头时发现他正狠狠地瞪着你。这时，你会认为他对你是友好的吗？不会。尽管擦肩而过的时候他对你也露出了笑脸，但后来他有意识地瞪你，这让你感到不安。

身体语言透露出一个人的社交态度、个人修养、当时的心情等“秘密”。他人的动作和表情提供的信息要比语言提供的更多。所以，当我们与别人交往的时候，要学会观察对方的身体语言，也要学会利用自己的身体语言。

观察表情，识破真情假意

1984年，美国当时的总统罗纳德·里根与其竞选对手沃尔特·蒙代尔展开了激烈的竞选大战。也就是这个时候，心理学家做了一个极为有趣的实验。

大选前的6天时间里，心理学家们用录像机录下了有关选举的一切电视新闻，随后他们又屏蔽掉声音，将这些片段播放给一组随机挑选的人观看，并要求这些人评判每一位播音员的表情。而这些接受实验的人根本不明白实验的目的是什么，只是按照心理学家的要求去给每位播音员的表情打分。低分用“极为消极”表示，高分则用“极为积极”表示。

试验结果显示，美国广播公司的播音员在播报沃尔特·蒙代尔的竞选消息时，其表情都显得极为消极，得分很低，而在播报罗纳德·里根的竞选消息时，则显得神采飞扬，得分也相应较高。而另外的几家电视台的播音员在播报竞选新闻时，针对不同的竞选人，他们的表情却没有明显的差别。

紧接着，一个有趣的现象被心理学家们发现了：在美国广播公司的观众中间，投里根票的人数远远超出了投蒙代尔票的人数。

这个案例说明，播音员虽然是如实报道，并没有直接表达自己对竞选人的看法，但是他们的表情却能够影响受众。在播报里根的相关新闻时，播音员的表情十分积极快乐，不由得感染了众多的观众，从而使很多观众都将选票投给了里根。

由此我们可以说，表情对一个人的交际效果有着极为重要的影响。通过对一个人表情的观察，在很大程度上可以推断出他的内心所想。

你现在可以闭着眼睛想一想：当别人在向你描述一位能力极强的朋友时，他是什么样的表情？当有人向你做自我介绍时，他的嘴角是上扬还是下垂？当在会议室里各自发表看法时，不同位置的人脸上的表情又有什么差别？

实际上，在不同的场合，面对不同的交往对象，每个人都会有不同的表情。

表情是我们内心的晴雨表，也是当今社交活动中少数能够超越文化和地域的交际手段之一。不同的国家、不同的肤色、不一样的语言，却可以用笑脸传递共同的心愿。

然而，表情也具迷惑性，稍不小心，我们就会被表情蒙蔽，做出错误的判断。

正所谓“知人知面不知心”。看到一只龇牙咧嘴的狗，我们可以确定它是愤怒、有恶意的；若是见到一个笑容满面的人，我们虽不敢肯定他是不是“笑里藏刀”，但我们仍然可以通过表情看清其传递的真实心声。

即使不言语，人的心理变化也会体现在表情上。心情愉快自然面部的肌肉松弛；而心生悲哀，自然会伤心落泪。表情甚至比言语更能明显地表达心理动态，这时就需要我们慧眼凝神，仔细捕捉对方瞬间即逝的各种表情，从而判断出其真实的内心状态。

要想在人际交往中掌握好表情这个晴雨表，首先就应该充分了解情感变化的表情特征。

人脸有43块肌肉，能够形成近万种不同的表情。只要熟悉这些表情，就能知道人们在说话时真实的内心感受。

我们不妨回忆一下，小时候尝到苦味时，你是什么样的表情？研究人员发现，此时人的舌头后部和颊部之间分得很开，因为舌头根部对苦味最为敏感，这是一种基于生理的条件反射，是为了避免尝到某些味道不好的食物；而尝到甜味时表情则正好相反。

正是基于对“甜”和“苦”的生理反应，产生了所有表情的基础，即“愉快”和“不愉快”。

在通常情况下，大多数人在感到欢喜、快乐时，面部肌肉会横向拉开，面颊提高，额眉部放松，眉毛稍下降，眼睛眯小，瞳孔放大，嘴角后收上翘，面孔显短；不愉快的表情则正好与此相反。

所以，在人际交往中，要想练就通达的为人处世之技，就必须对察言观色的重要性有足够的认识。

可以说，表情就是内心的一面镜子，只有随时注意到它反射出的景象，才能让我们在日常交往中越走越顺利。

眼睛会说话，捕捉对方的眼神传递的信号

眼睛是人的心灵之窗。观察人的眼神，可看出其内心世界。

如果一个人看另一个人的眼神既友好又坦诚，而且还时不时地眨眨眼睛，表明他很喜欢对方，没有防卫之心。即使对方出现一些失误，他也可以谅解。

当一个人目光炯炯有神，眼球稍微凸出，视线朝向正前方时，表示这个人正处于注意力高度集中的状态，一方面对对方非常关心，另一方面也有防备对方的心理。

当一个人眼睛自然张开，微微向上看，双手下垂的时候，表明这个人处于恍惚状态，没有明确的目标，非常苦恼，身处进退两难的困境。

当一个人出现如下表情：眼球凸出，眼皮紧绷，眼睛睁得又大又圆，眨眼次数明显减少，视线朝向正前方时，表示这个人此时处于极度紧张的状态，可能遇到了一些意料之外的事情，其内心除了震惊外，还有一些恐惧感。有些时候还会不由自主地握紧拳头，这

说明他非常失落，心绪极为混乱。

在人们交谈时，眼睛是否看着对方，即有无视线接触，表明他是否对对方有好感或感兴趣。

如果谈话时，对方完全不看你，便可视为他对你不感兴趣或无亲近感。相反，你走在路上，发现一个素昧平生的人一直盯着你时，必定会感到不安，甚至觉得害怕。不相识的人，彼此视线偶尔相交，便会立刻撇开。这是由于被人看久了，会觉得被看穿内心或被侵犯隐私。

人们在等公共汽车、在电影院门口买票时，会自觉地排在别人后面，出现这种现象主要是因为准备前进，也可避免与不相识的人视线相交。在队伍中面对面而立的，大都是朋友、恋人、亲人等具有亲密关系的人，借排队的机会聊天或讨论某些问题，以此来打发时间。这种情况，在我们的生活中时有发生。

因此，我们可以得出结论，相识者彼此视线相交之际，即表示他们有意进行心灵沟通。但是，这种情况如果发生在女性之间，则可能有别的意思。心理学家的研究结果表明，当女性不愿意把自己所想传达给对方时，多半会出现凝视对方的行为。

综合上述，眼睛确实会说话，只要我们掌握各项观察眼睛的要领，在与人交往中多加注意对方的眼神就会很清楚地了解到对方的思维与心境。

举手投足间，透露一个人的修养

交际行为由语言行为和非言语行为两部分组成，交际礼仪包括这两种行为的交际规范。举手投足之间往往会体现出不同的文化特征，这种特性的差异还常常引起文化误解和交际障碍。在不同的文化中，非言语所表示的含义不一样，因此，要用外语进行有效的交际，在听别人说某种语言的同时还得了解说话人的手势、动作等所表示的意义。

举止在心理学上称为“形体语言”，是指人的肢体动作，是一种动态的美，是风度的具体体现。在某种意义上，绝不亚于口头语言所发挥的作用。你如果做不到在言谈中有好的举止行为，就会被认为你对周围人以及交往对象不尊重。

所以在人际交往中，言谈举止是一门很大的学问。有时候你会发现有些人虽然很努力工作，却可能得不到上司的认可；有些人虽然总能预备好一份详尽的资料，却仍不能在谈判中胜出；有些人虽然想与同事建立良好的沟通关系，却又恼火于他们过火的玩笑。

然而，问题并不是出在工作能力上，而恰恰是因为不当的言行成了事业上的绊脚石。

毫不夸张地说，言谈举止常常被作为他人了解你的一张重要名片，它能很好地反映一个人的涵养。因此，在交际活动中，要给人留下美好而深刻的印象，外在美固然重要，而高雅的谈吐和举止则更让人喜爱。

有些人虽然外表美丽，但是举手投足间却显俗气，令人生厌。而那些真正聪明的交际达人，总是能善于利用一些小动作来帮助自己完善人际关系，而他们的魅力也正在举手投足，乃至一颦一笑之间体现出来。

我们尽管可以通过化妆和衣饰把自己装扮得光鲜靓丽，但是假如不注意自己的举止修养，一样不会受欢迎，也许还比没有装扮更使自己难堪。

在社会交往中，应该做到举止得当。所谓举止得当，是指社交者能够了解某些举止具有的特殊意义，在社会交往中，正确地运用这些举止来准确地表达自己的意愿。优美的举止就好像漂亮的服装一样，能起到装点门面的作用。如果能把优美的举止与良好的修养结合起来，那就是一个非常优秀而备受人们喜爱和欢迎的人。优雅的举止在公众中具有巨大的感召力，甚至会产生一种魔力。

所以，在社交生活中，举止是否得体就显得十分重要了。我国古代人在这方面就很注意，不断从实践中总结提炼出很多形象、生动、易学、易做的标准，例如站如松、走如风、坐如钟、卧如弓等，都是以日常生活中最常见的事物做比喻，使其一目了然，简单易行，人人可以为之。

优雅的举止不是天生就有的，而是要靠在日常生活中一点一滴培养、积累起来的。只要有意识地锻炼和培养，任何一个人都是可以做到的。人的举手投足间，可看出其素质修养。我们在交往中应做到举止有度，所谓举止有度，是说一个人的举止要符合一定的标准，即站有站相，坐有坐相。

站相是站立的姿态，一个人在站立时要保持身体正直，切忌东倒西歪、耸肩驼背。正常的站立姿势的基本要求是从正面观看，其身躯应当正直，头、颈、身躯和双腿应与地面相垂直；从侧面看，其下颌微收，眼平视前方，挺胸收腹，整个体形显得庄重、平稳；两腿间距不宜过大，以不超过一脚为宜。站立时间较长时，可以一腿支撑，另一腿稍稍弯曲；站立交谈时，双臂可随谈话内容做一些手势，但不宜将手插入裤袋里或交叉在胸前，更不要摆弄一些小物品，因为这样做既不庄重，也显得缺乏自信。

坐相是坐着的姿势。一个人坐着时姿态要端正，不要东倒西歪，两腿抖动，也不要一条腿放在另一条腿上，跷着二郎腿。正常的姿势是在无靠背的座椅上就座时，上身应保持正直微向前倾，两肩平行，自然下垂，两手随意放在膝头，腿距与肩宽大致相等，两脚自然着地；在有靠背的座椅上就座时，身体可以微微向后倾，靠在靠背上，但不要仰靠，露出懒散的样子。另外，坐着时，腿不宜分得过开，女性尤应注意。

除了站相和坐相之外，还应该注意走路的姿势。走路时身体应当保持正直，不要过分摇摆，不要两臂摆动不均，不要一肩高一肩低，也不要左顾右盼，两眼应平视前方，两腿有节奏地交替向前迈进。步履轻捷，不要拖拉，两臂在身体两侧自然摆动。

人们在交际中经常使用的礼貌举止有点头、举手、握手、鞠躬、鼓掌、拥抱，每一个细节都可能影响一次交际的成功与失败。

当然了，交际中的举止不仅仅是这些，我们在这里只是介绍了常见的几种。在社会场合，每一个人都应该恰当地运用这些礼貌举止，既不要过于谦卑，也不要过于傲慢，做到举止得当、礼貌周到，充分体现出你的教养和风度。

言为心声，交际要懂得“听声辨人”

从生理学和物理学的角度来看，声音的生理基础由肺、气管、喉头、声带、口腔、鼻腔等部分构成，声音是受肺的推动而发出来的，这不仅仅是一种生理现象，同时也是一种物理现象。声音又与说话人当下的心理活动密不可分，大小、轻重、缓急、长短、清浊都有变化，这些特性都是紧密联系的，也是闻其声、辨其人的基础。

讲话声音很高的人，一般都是外向性格的人。他们与人交谈时，为了让别人更加关注他，就会在说话时把音量抬高，这也正是这种性格的人重视人际关系和擅长交际的原因。特别是他们的想法为对方所接受，与对方志同道合时，他的音量就会提高，并且声音里面会充满自信。

那些喜欢断然做出决定的人，一般都是属于外向型且支配欲望强烈的人。这种人与人交谈时总是喜欢别人当听众、接受自己的想法。

这种性格的人说话往往语速很快，但言语流畅，声音的顿挫富于变化，并且能言善辩。凡是想到的事情，他们都会毫不考虑地说出来，甚至有时在与人交谈时会把对方的话突然打断，以达到实现自己的主张的目的。

假使没有到这种程度，这种人说话的方式就显得周到并且清晰。即使你与他只是第一次见面，他也会面带微笑，以十分亲切的口吻来与你交谈，并不时地点点头。

这种性格的人在与人见面时，只要彼此交谈，他的性格就能更加突显出来。因此，当话说到投机时，新的话题就会源源不断地涌现出，无法控制，像是取之不尽。或许有时话题会变得支离破碎，他还是会说个没完。因为对于这种性格的人来说，"开讲"本身就是一件非常有趣的事情。

还有一种人，说话声音十分低。他们性格比较内向，处世原则清晰明朗，非常诚实，不会结帮成派。他们在与人交往时，喜欢无意识地与他人保持一定的距离，并且还会运用自闭式的姿势。他们不希望对方知道他们的心事，不希望初次见面就让人一眼看穿，显然，也不会随心所欲地畅谈了。

声音低沉的人说话的节奏会十分缓慢，平铺直叙，很少会表现出抑扬顿挫的声调变化，与人交谈时会一直保持一定的语气与异常冷静的态度。当对方提出不相同的观点时，他不会立刻否定他人，他会给人一种考虑很周到和用词很恰当的感觉。善于言谈的内向型的人，既不会盲目下结论，也不会以命令的口气来强迫他人同意自己的观点。

这种人对他人的防范心非常强烈，并且认为对方没必要知道多余的事情。但正是因为这样，他连自己应该说的话都懒得说出来，将自己隐藏着，说话当然就变得想说而又吞吞吐吐不敢说出来。

不仅是在一对一地聊天时会遇到这种情况，在会议上发言也是这样，因为他不想主动说出自己的观点，以至于话欲说出口又停止，变成了喃喃自语，声音缓慢又很小。说话时，他们通常不直接开口，喜欢绕弯子，因此，使人感到焦躁不安。声音低沉的人即使对于他人的询问也不会做出准确的回复。

声音低沉的人对人的防范心固然很强，但其内心都是十分温和的，为了避免自己的发言伤害到别人，说话之前总是会考虑再三，然后再说，同时又担心自己发表的意见将导致自己与他人的对立。

第六章

掌握俘获人心的沟通方式，拉近彼此间的心理距离

“一句话能把人说跳，一句话也能把人说笑”。这就是沟通的力量。社交场合的语言表达方式对于塑造良好的社交形象十分关键，而且会说话也是社交能力强的重要体现，可以迅速拉近彼此之间的心理距离，让社交成为一件愉悦的事情。

成功沟通从轻松的话题开始

语言是人与人之间沟通的利器。一个人的交际网有多大，很大程度上取决于他的口才。口才高明的人能把一句原本不十分中听的话说得让人觉得舒服。

在与人相处时，不主动说话的人是很少有人缘的。你要主动打开与别人的话匣子。

假如你在码头上碰见一个熟人，大家一起上船，一时还没有找到话题，这时最有效的办法就是从当前的事物，即双方同时看到、听到或感到的事物中找出几件来谈。在码头上、船上，耳闻目睹的有许多事物，只要你稍微留意，不难找出一些对方可能感兴趣的话题。也许是码头上面的巨幅广告，也许是同船的外国游客，也许是海上驶过的豪华游艇，也许是天空飞过的海鸥，甚至在对方的身上都可以找到谈话的题材。如果他戴的领带很漂亮，你可以问他在什么地方买的；如果他身上穿着名牌衬衫，你可以问他这个品牌的衬衫究竟好不好，和广告上的宣传是否相符；如果他手上拿着一份晚报，看到晚报上的头条新闻，你也可以问他对时局的看法。

如果你到了一个朋友家里，在客厅里看到他孩子的照片，你就可以和他谈谈他的孩子；如果他买了新的钢琴，你就可以和他谈谈钢琴的音色；如果他的窗台上摆着一个盆景，你就可以跟他谈谈盆景的造型；如果他正患有牙痛，你就可以跟他谈谈牙齿的保健和牙医，关怀对方的健康，往往可以表示善意。

眼前的事物最容易引起人们的注意，只要碰巧有一样对方很感兴趣，那么，你就得到谈话的机会了。

当交谈中断的时候，怎样寻找新的话题呢？

在这种时候不要心急，也不要勉强去找，否则会引起不必要的紧张，反而什么也想不出来了。要知道我们的大脑总是在活动着，你没有要它想，它也会不停地想，由东想到西，由天想到地……这种做法，我们叫它“自由联想”。

比如说，当我们看到书桌上摆着一盏台灯，我们就会从“电灯”出发，很快地联想到许多别的东西。也许我们从“电灯”联想到“发明”，从“发明”联想到“电影”，然后是“演员”。这一切，都是在瞬间发生的，也许只是半分钟内的事。

如果我们继续探究就可以发现，我们因为看见一盏台灯，就联想到爱迪生发明电灯，又由爱迪生想到我们看过的电影《爱迪生传》，又由《爱迪生传》想到科学影片，又由影片想到电影明星，等等。在刹那之间，已经有了不少交谈的题材可供我们选择。

当然，有的话题也许引不起对方的兴趣，但是只要我们不心急、不紧张，在静默中自由地去联想。再过一会儿，我们就可能联想到别的话题上了。

倘若不想东谈一点、西谈一点，从这个话题跳到另一个话题，而是想抓住一个话题更进一步，把它谈得详尽、深入、充分一点，那么，也有一个好办法可以帮助你的思考，这时你就不要随意地去联想。如果有个话题可以引起对方的兴趣，那么你就以这个话题为中心，让你的思想围绕着这个中心，尽量地去想与这个话题有关的东西，然后再将这些有关的材料分门别类，整理出鲜明的脉络。

例如，你刚刚参观过自然艺术摄影展，谈话中有了启发性的联想，你已经找到一个对方感兴趣的话题——植物。如果你想在这个话题上多谈一会儿，你可以以“植物”作为中心，尽量去联想与它有关的事物。

在这样做的时候，你的头脑也要保持着轻松、活跃的状态，那么，自然会想出许多与植物有关的事物，例如热带植物、盆景、菊花等，接着又可以谈到植物的研究与栽培……

如果谈话的中心是“树”，你就可以想到风景树、花果树、公园里千年的古树、著名的大树、与树有关的成语以及树的各部分用途……

平时注意培养联想的思考习惯，那么无论什么话题你都能把它分解出若干个分支和许多细节，而每个细节都可以用来延展你的话题，丰富交谈的内容。

倘若把你所想到的一切与你个人的生活经验相结合，那么你交谈的内容就更真切生动了。每一个人的生活里都有许多可以打动别人的事情，倘若其中有些事情正和大家谈的话题有关，那么，你可以把它拿出来作为谈资，这时，交谈的内容就因为加进了个人的亲身经历，而更使人觉得有趣。

在交谈中，灵活地转换话题也是一个很重要的技巧。即使一个好的话题也会有使人兴趣低落的时候，这时，善于交谈的人就懂得在适宜的时机转换话题，不会使别人生厌。

转换话题有三种很自然的方法。

第一种：让旧的话题自行消失。当你觉得这个话题已经没有什么新的发展的时候，你就应停止在这方面表示意见，让大家保持片刻的沉默，然后开始另一个话题。

第二种：可以在谈话进行中，不经意地插入新的话题，把旧的话题打断。但不要使人觉得太突然，也不要在别人还有话要讲的时候打断他。

第三种：从旧的话题往前引申一步，转换到新话题上。例如，大家正在谈一部正在上映的好电影，等谈到差不多的时候，你就说："这部电影票房不坏，不过听说有一部新的大片就要上映。"这一句话就把话题转变了，新的大片将吸引大家的注意力，可是大家的思想与情绪却还是连贯着的，所以，这是一种比较灵活妥善的方法。

积极倾听，走进对方的心灵

有人说，沉默是金，其实并不是说沉默本身如何珍贵，如果只是呆呆地做若有所思状，对别人的说话、动作没有任何反应，并不是“金”，反而会被人认为是冷漠或高傲。真正令人“闪闪发光”的沉默是积极的倾听，要尽可能地与对方产生共鸣。

由此可见，倾诉和倾听是相互的。每个人都有向他人倾诉自己内心世界的愿望，通过倾诉，可以使自己的心理压力得到释放，可以使自己的心灵得到极大的安慰。倾听则是探知他人内心世界的一把钥匙，是获得朋友信任、拓展人脉的一种手段。但在现实中，有向别人倾诉欲望的人很多，但是能够倾听别人倾诉的人却不多，这也就导致了很多原本可以成为知心朋友的人最终却成为陌路。

一位外交官的太太曾细述她丈夫初入外交界，带她出去应酬时的情形。她说：“在那些场合真是活受罪。因为我是个小地方出生的人，而满屋子都是当时的社会精英人物，他们不但口才奇佳，而且大多都去过世界上的很多地方。”

一次宴会上，她终于向一位还算熟悉的外交家吐露了自己的烦恼。这位外交家笑呵呵地对她说：“其实，每个人说话都要有人来听。因而，善于聆听的人在宴会中同样受欢迎，这也是一种难能可贵的品质。”

从上面这个例子可以看出，少发言、多听别人说话同样是一门可以给自己带来好处的学问，也值得你去研究一下。聆听能促进你的思考能力的提高，更能让你认识到每一个人的内心世界。倾听如此好处多多，何乐而不为呢？

当然，倾听不是简单地竖起耳朵听，倾听是要用心去听。善于倾听是一种美德，是理解，是尊重，是接纳，是期待，是分担，是共享快乐，因此倾听的意义远不只是给别人一个表达的机会。倾听的实质是放下倾听者的架子，用温暖的笑脸去面对说话者，加强彼此的沟通和交流，获得对方的喜欢与信任，从而走进对方的心灵。

实际上，世上许多人之所以不能留给人良好的印象，正是因为他们不能耐心地做个好听众，他们只关心自己接下来要说的话，所以根本不肯耐心地去听人家把话说完……

因此，如果你想学好谈话这门课程的话，便要记住，基本功夫就是先做一个好的倾听者，鼓励别人谈他自己。

生活中，很多人认为听是一种被动的行为，如果他们不参与到谈话中去，可能还会有一种莫名其妙的失落感。其实，倾听并不是一种消极的行为，它是一种积极的行为。听者对于交谈的投入绝不亚于说话者。人们不能真正去听的原因是如果他们这样做了，他们就不得不受外界信息的影响，他们必须面对别人对世界的看法。在这些新知识和新感悟的基础上，他们就必须改变他们自己的观点和已经形成的看法。而对很多人而言，他们是不愿意改变他们一直以来的思维方式的。他们认为面对自己熟悉的事物总比面对新事物简单。但是，我们如果不能去倾听，是不可能进步的。

良好的沟通需要有良好的获取信息的能力，也需要有娴熟的发送信息的能力。一个出色的上班族会接触每个必要的人，并且认真积极地听取值得听取的东西。这可以为你提供大量信息，也可以使你得知你的行业、你的上司、你的下属及你的客户需要什么，你也会因此而获得友谊、忠诚和合作。

生活中，那些只知道谈论自己的人，所想到的也只有自己。因此，如果你要别人喜欢你的话，请记住这段话："做一个好的听者，鼓励他人谈论他自己。要令人觉得有趣，就要对别人感兴趣。"提出别人喜欢回答的问题，鼓励他谈谈他自己和他的成就。

倾听就是这样一种姿态，是一种与人为善、心平气和、谦虚谨慎的姿态。这种姿态能使你倾听到最真实的话语，接触到最准确的答案。

既然倾听的作用如此重要，那么，我们应该如何学会倾听呢？

1. 培养自己倾听的愿望，养成倾听的习惯

在交谈的时候，不要处处以自己为中心，要给对方足够的时间来倾诉。倾听的时候不能左耳朵听右耳朵冒，而是要诚心诚意地、耐心地倾听，无论对方说的是对还是错，都要听明白以后再发表自己的意见。这不仅仅是倾听的技巧，也是对人的一种礼貌和尊重。

2. 控制自己的情绪

对方在向你倾诉的时候，有些话题你很感兴趣，有些话题可能会让你兴味索然；有些话题可能关系到你的切身利益，有些话题可能和你毫不相关；有些话题攻击的可能是你和你的朋友，有些话题可能出于愤世嫉俗。这些话题对你来说是有区别的，但对于倾诉者来说，它们同样重要。所以，我们不能以我们的好恶来决定应该重点听哪些内容，更不能把自己的情绪表现在脸上。

3. 掌握引导的技巧

一个人絮絮叨叨说很长时间，自己也会感到疲惫。我们可以适时将对方的话题引向深入，这一点在对方情绪激动的时候尤为重要，倾听不是只听却不参与对话，而是要通过你简洁的话语让对方把心里话说出来。这就需要我们把握住引导的时机，充分利用引导的技巧，让谈话变得真诚而有效率。

委婉拒绝，更能赢得对方的尊重

大家都有这样的感觉：对一个人说“是”很容易，说“不”却很难。但是这个“不”字却很重要，不会拒绝他人的人，是很难有所成就的，甚至有可能掉进他人精心设计的陷阱。我们可以查阅一下古今中外落马的那些贪官污吏的故事，很多人都经历过面对诱惑不肯说“不”的时候。虽然他们知道，某些事情明明不应该说“是”，不能够说“是”，但是他们就是不愿意说个“不”字，结果身败名裂。

小江是个非常勤奋的小伙子，头脑活络，热情助人。刚进入公司的时候，他就下定决心要从最基层做起，要成为所有人的好朋友。所以公司里的事情，是自己分内的，他努力去干，不是自己分内的，只要有人喊他帮忙，他也努力去干。渐渐地，他在同事之间赢得了一个“热心肠”的称号。

小江感到非常满意，可是过了一段时间以后，他才发现：有些事情，同事原本自己可以做，但他们也要喊小江去帮忙；有些人的态度很随便，似乎指派小江是件理所应当的事，帮过忙后，连个“谢”字也懒得说，仿佛让小江帮忙是给了小江莫大的面子；更有甚者，把手头的工作交给小江，自己去干私活。

小江虽然心里不高兴，但又不好意思拒绝，结果被弄得焦头烂额，整天忙得脚不沾地，自己的工作还常出纰漏。小江感到很困惑，自己热心助人也错了吗？他想拒绝别人，又怕影响到别人与自己的关系。

在上面的例子中，小江热心助人并没有错，错在了他的来者不拒。在生活中，帮助别人很重要，但是帮助别人必须建立在把自己的工作做好的基础上。你自己的工作还一团糨糊，你又有什么资格去帮助别人呢？就算你自己的工作已经做得足够好了，面对别人提出的要求，你也应该权衡一下利弊，看是否应该伸出援手，应该帮忙的，立即动手，不应该帮忙的，要婉言谢绝。

在生活中，我们总会遇到自己不想做、不愿做、不该做的事。面对对方的请求，我们必须保持清醒的头脑，对形势进行严密的分析，千万不可碍于面子去做违心的事。如果对方的请求是违背社会公德的，甚至是违反法律的，我们应该义正词严地给予拒绝，不给他们留下任何通融的余地。不过，对于对方提出的并不违反社会公德和法律法规的要求，在拒绝的时候，我们要讲究一点艺术，让对方理解你的苦衷，从而认同你的理由，不至于因为拒绝伤了和气，断了交往。

拒绝对方时，我们首先要注意的是拒绝的时机。有的人没等对方说完就断然拒绝了对方的要求，更有甚者还没等对方张开嘴，就先给堵上不让说了。这样的拒绝过于生硬，会让人觉得你根本就没有心思倾听他的请求，你根本就没有把他放在眼里，甚至觉得你是在打发一个乞丐。这样一来，你会伤了对方的自尊。好的拒绝是在对方倾诉结束之后再拒绝，在这个或许有些漫长的时间里，你可以一边听一边分析判断对方是否值得你去帮助，如果拒绝，应该怎样措辞合适。

拒绝对方时，我们还要注意自己的态度。虽然拒绝不是一件让人快乐的事，但你至少应该有平和的心态，不要带着无所谓的表情，不要带着幸灾乐祸的表情，不要带着怒火中烧的表情……

总之，一切带有负面情绪的表情都不要出现，我们要带着真诚的表情，耐心地告诉对方，自己为什么不能帮助他，让他在遭到拒绝时，至少还能收获一份你的真诚。

拒绝对方时，我们还要注意说话的方法，委婉一些，自嘲一下，都能给对方一个台阶，让对方不至于太尴尬。同时，我们要站在对方的立场上，为对方出出主意，想想办法，让对方明白，不是自己不想帮忙，实在是力所不及。

拒绝对方时，我们还要学会旁敲侧击，让对方明白你的意思和感受，不至于你说你的，他说他的，喋喋不休，最后还是说不清楚。这方面，我们可以看一看国画大师张大千是怎么处理的。

张大千留有一把长胡子。在一次吃饭时，一位朋友拿他的长胡子不断地开玩笑，甚至消遣他。可是，张大千却不恼，不慌不忙地说："我也给诸位讲一个有关胡子的故事。刘备在关羽、张飞两弟亡故后，特意兴师伐吴为弟报仇。关羽之子关兴与张飞之子张苞复仇心切，争做先锋。为公平起见，刘备说，'你们分别讲述父亲的战功，谁讲得多，谁就当先锋'。张苞抢先发话，'先父喝断长坂桥，夜战马超，智取瓦隘口，义释严颜'。关兴口吃，但也不甘落后，说'先父须长数尺，献帝当面称为美髯公，所以先锋一职理当归我'。这时，关公立于云端，听完禁不住大骂道，'不肖子，为父当年斩颜良，诛文丑，过五关，斩六将，单刀赴会，这些光荣的战绩都不讲，光讲你老子的一把胡子又有何用'。"

听完张大千讲的这个故事，众人哑然，再也不扯胡子的事了。

在酒席宴上，开始朋友拿张大千的胡子开玩笑，甚至开得有些过头，张大千想制止对方，可是如果轻描淡写地说，恐怕对方会不以为意，声色俱厉呢，又会伤了朋友之间的和气。张大千这么一说，明白地告诉对方："你们拿我的胡子开玩笑，我已经忍了很长时间了，再这么着，我可就不高兴了。"大家自然知趣，不再提这个话题了。

可见，拒绝是一门艺术，拒绝的最高境界是让你和对方都不至于陷入尴尬的境地。只要运用好这门艺术，拒绝就不会把你的朋友推向你的对立面，反而会使你赢得更多的尊重、更多的朋友。

由衷赞美，更能赢得人心

结交朋友并维护友情的一个有效方式，便是赞赏他们的行为。要知道，人们总是自觉或不自觉地从他人那里寻找自身存在的价值，因为每个人的内心深处都有被重视、被肯定、被尊敬的渴望。可以说，我们需要赞美，就如万物需要阳光一样。喜欢听别人的赞美，绝不是虚荣的表现，而是自尊的需要，是一种正常的心理。

从呱呱坠地的那一刻起，我们就渴望能够不断地得到赞美。在家里，我们希望得到父母的赞美；在学校，我们渴望得到老师的赞美；进入职场，我们期望获得领导、同事的赞美……

然而，很多时候，我们总是把太多的东西当成理所当然，以至于我们经常忘记了对那些帮助过我们、让我们的生活变得更加舒适的人表达我们的赞赏之情。

那么，人们为何会疏于表达自己的赞赏之情呢？也许很多人觉得没那个必要，彼此之间那么熟，非要赞赏一番，岂不显得做作？也有人会说，别人做的不过是本职工作。还有的时候，赞赏的话之所以没能说出口，是因为我们害怕别人说自己不行。我们总是会有意无意地想：若是我对他们说“干得好”“做得不错”，那他们说不定会觉得我不如他们。其实，这样的想法完全站不住脚。但凡杰出之人，对于那些帮助过他们的人，是绝不会吝啬自己的赞美之词的。

世上除了物质嘉奖之外，还有一种普遍存在的嘉奖，那就是精神嘉奖，而在所有的精神嘉奖中，赞赏更是排名第一。亲人间的赞美，让家庭更加幸福美满；师生间的赞美，让学习氛围更加融洽；同事间的赞美，让工作更加顺利；情侣间的赞美，让爱情更加滋润。

其实，赞美别人也是在肯定自己，由衷地表达你对别人的赞赏也是一个人自信的表现。每个人都是一道风景，懂得欣赏和赞美，风景会变得更加优美。

不仅如此，当你赞美别人时，你会发现自己似乎拥有了无限潜能，可以感动身边的每一个人。很多时候，如果你能试着将自己的思维方式朝着积极的一面培养，你会发现自己在交友方面变得越来越擅长——即使对方不是那种积极的人。

为此，你可以以“爱”为出发点，用真诚的心态，诚心诚意地去发掘他人的独特之处，欣赏他人的优点，进而赞美他。这样做，不仅能给对方带来快乐，还可以为双方建立良好的新关系。这样的赞美对客户如此，对同事如此，对家人更应如此，对所有与你有缘的人都应如此。

当然，为了让你的赞赏行为更合适，你可以学习以下技巧。

第一，不要一直不停地赞美对方，否则，只会让对方觉得腻味、矫情。相比而言，简短的赞美似乎更能令人印象深刻。

第二，认真聆听对方讲话，挖掘对方引以为豪的事。你的真诚态度一定会通过你的言辞发光、发亮，带来巨大的成效。

第三，赞美对方时，用肯定而非否定的语句。比如，“我真不敢相信你做到了！”就不如“你做的事真令人印象深刻！”的效果好。

第四，任何时候，传递别人所说的赞美之词都能令听者的印象更为深刻。例如：“安迪跟我说，她在你那里看到一只腕表，她说她从没见过那么精致的腕表。”

第五，赞赏别人时，尽量使用“佩服”“欣赏”“令人难忘”“好极了”“出色”“有影响力”“满意”这类褒义词。

如果你实在找不到对方身上可以赞美的地方，不妨给他们的未来增添点信心和希望。例如，“我们相信，未来你可以干得很出色”或是“我看得出来，你一定能成为我们需要的人”。

把握分寸，说话要留有余地

说话留有分寸是一个人老练成熟的标准。

某公司准备研发一个新项目，老板将此事交给了下属小张，问他：“有没有问题？”

小张拍着胸脯回答说：“没问题，放心吧！”

过了三天，没有任何动静。老板问小张进度如何，小张才老实说：“没有想象中那么简单！”老板虽然同意他继续努力，但对他信誓旦旦的样子已经开始反感了。

事实上，人人都讨厌空话大话连篇的人，吹得天花乱坠，实际行动却不见几分，难免让人觉得华而不实、难以信任。不如低调一点，做的比说的多，多干活儿少说话，用实际行动证明自己的价值。说话和办事就如同希望和现实，希望往往比现实更美丽，但是要知道“希望越大，失望越大”，还不如把对方的希望变得小一点，这样他们得到的惊喜也就会大一点。

也不要一味坚持把对方“赶尽杀绝”，让对方没有台阶下，这样就种下了怨恨的种子，这对你也绝不是好事。能言善辩是件好事，但是要注意说话方式，知道给人留台阶，给对方留足面子，也给自己留条后路。

在做事的时候，对别人的请托可以答应，但最好不要“保证”，应代以“我尽量”“我试试看”等话。上级交办的事当然要接受，但不要说“保证没问题”，应代以“应该没问题，我全力以赴”之类的话。这是为了万一做不到，给自己留条后路。这样说事实上也无损你的诚意，反而更显出你的谨慎，别人会因此更信赖你，即便事没做好，也不会太责怪你。

用不绝对化的词句可以降低人们的期望值，你若不能顺利地做成某件事情，人们因对你期望不高，最后总能谅解你，而不会对你产生不满。有时他们还会因此而看到你的努力而不会抹杀你的成绩。如果你能出色地完成任务，他们往往喜出望外，这种增值的喜悦会给你带来很多好处。

话不说满也表现在不要对他人太早下评断，像“这个人完蛋了”“这个人一辈子没出息”之类。浪子还有回头的时候，人一辈子很长，变化还很多，你怎么能凭主观就评定别人的一生呢?

无论何时，我们说话的时候都要提醒自己，要给自己留余地，使自己可进可退。这好比在战场上一样，进可攻、退可守。这样有了牢固的后方，可出击又可及时地退回，自己依然处于主动的地位。这样虽然不能保证自己处于战无不胜的地位，但是至少可以保证自己不会败得一塌糊涂。

说话要讲求把握分寸，给自己留有余地的原则，这需要注意以下几点。

1. 话不说过了头，违背常情常理

明代陆灼在《艾子后语》中杜撰了一个故事。艾子旅居齐国，在“战国四公子”之一的孟尝君的家里做食客已经三年。孟尝君对他很尊重，视为贵宾。后来他又从齐国回到鲁国，与季孙氏相遇。

季孙问他：“您在齐国住了那么久，那么请问齐国最有德才的人是谁？”艾子说：“没有比孟尝君更好的。”季孙说：“孟尝君有什么德行？”艾子说：“孟尝君家里有食客三千，食客们穿好的、吃好的，而孟尝君一点儿也不厌烦。他若不是个大好人，能做到这样吗？”

季孙冷笑了一下说：“您这是在瞧不起我啊！我家也养着三千食客，难道就只有孟尝君才有这个德行吗？”听他这么一说，艾子不觉肃然起敬，说：“失敬，失敬，我现在才知道您也是鲁国的大贤人啊。我明日就登门造访，到您府上会会那三千食客。”季孙说：“好吧。”

第二天一早，艾子洗漱干净、穿戴齐整后就去拜访。一走进季孙家的大门，静悄悄的；到了大厅里，连个人影也没有。艾子纳闷，

莫非食客们住在别的馆舍？过了好一会儿，季孙才出来。艾子问他：“食客在哪里？”季孙装出一副怅然若失的样子说：“先生您来得太晚啦，三千食客各自回家吃饭去了！”艾子方知季孙是个爱吹牛的人，打心眼里对他嗤之以鼻，嘿嘿冷笑两声走了。

凡事都有一个度，在某个范围内是可以被人接受的，但是如果超过了这个范围就会给人留下把柄。你可以吹牛，但是不要吹得太离谱；你可以说大话，但是也不要说得太过，否则只会自取其辱。

2. 话不要说得太绝对

凡事都不是绝对的，没有绝对的正确，也没有绝对的错误。因此人们对于绝对的东西，在心理上有一种排斥感。比如，当你斩钉截铁地说：“事实完全就是这个样。”此时别人在心里会有疑问：“难道真的一点也不差？”也许你的表达是事实，可是他在心里老是琢磨“难道一点也不差”的时候，他对你的话语的领悟就有点偏差了。倒不如这样说：“事实就是这个样子。”

因此，在谈话时，即便是我们有绝对把握的事，也不要把话说得过于绝对，绝对的东西容易引起他人挑刺。而现实是，如果对方有意挑刺，还真能挑出刺来。与其给别人一个挑刺的借口，不如把话说得委婉一点。同时，如果我们不把话说得那么绝对，我们还可以在更为广阔的空间与对方周旋。

3. 话要说得圆润

当我们为了某个目的与他人谈话时，话就要说得圆润一些。话说得太直，会激怒对方，即便是理在己方。说得圆润一点，能给我们留下回旋余地，从容地达到我们谈话的目的。

某家宾馆的服务员发现客人马先生在结账后仍然住在房间，而这位马先生又是经理的表弟。怎么办呢？如果直接去问马先生何时离开，就显得不礼貌，但如果不问，又怕马先生赖账。于是，一位善于谈话的公关部小姐敲开了马先生的房门："您好！您是马先生吗？"

"是啊！您是？"马先生回答说。

"我是公关部的，您来几天了，我们还没有来得及来看您，真是不好意思。听说您前几天身体不舒服，现在好点了吗？"

"谢谢您的关心，好多了。"

"听说您昨天已经结账，今天没有走成。这几天天气不好，是不是飞机取消了？您看我们能为您做点什么！"

"非常感谢！昨晚结账是因为经理是我表哥，账积得多不好，所以在他回来前把账结了。大夫说，我的病还需要观察一段时间。"

"马先生，您不要客气，有什么事只管吩咐好了。"

"谢谢！有事我一定找你们。"

这位公关小姐去找客人谈话的目的是弄清楚客人到底是走还是不走。如果不走，就弄清楚原因。但这个问题不好开口，弄不好既得罪客人又得罪经理。她的话说得非常圆润，先是寒暄一下，然后又问客人需要什么样的帮助，一副非常关心的模样，使客人深受感动，在不知不觉中就说明了原因。她的话语技巧就很高超，回旋的余地很大。

人们常说“话不要说满，事不要做绝”，这当然是有道理的。事情做绝，不留余地，不给别人机会，不宽容别人，处理事情下狠手，都是不理智的行为。

争辩的结果是两败俱伤

谁都知道沟通的重要性——好的沟通能让你的工作与生活都得心应手。然而在人际交往时，各人还是会坚持自己的观点，相信自己是绝对正确的。难道这样就能让自己保持不败吗？别做梦了。

争论导致的结果只能是失败，即使从表面上看你胜了，实际上与失败没有什么区别。因为就算你把对方驳得体无完肤，结果又会怎样？一场争论之后，你逞了一时之快，心里乐开了花，但是对方却会因此感到自卑。你伤了他的自尊，他对你自然心怀不满。既然争论百害而无一利，那么何不像避开毒蛇和地震一样，尽量避免争论？

要知道，每个人都是独立的个体，每个个体都有自己不同的生活方式和价值观。面对同一件事情，不同的人会有不同的想法和态度，一味指责对方是错的，那又能怎样？也许你会因此洋洋自得，但是对方却因为蒙羞而怨恨你。

有位汽车推销员，从业多年，但是并不怎么成功，他总是喜欢同他的顾客大声争辩，并冒犯他们。一直以来，他都有一个困扰：他虽然赢过不少争论，心里也为此洋洋自得，可是为什么最后什么也没有推销出去？

其实，在很多情况下，我们都应该永远记住这句话：不要和他人发生正面冲突。即便你一贯争强好胜，以反驳他人为乐趣，赢得了一时的胜利，但是这样得来的胜利毫无意义和价值，只能伤害彼此的感情。

没有人希望承认自己有错，人人都希望得到别人的认同。所以，你是宁愿要一个毫无意义、表面上的胜利，还是希望得到别人的好感呢？

很多时候，赢得一场争论只能让你胜利一时，逞口舌之快并不能让你更有智慧，只会有损你的教养，让你失去自控力。尽可能谦让一些，你才能学到更多的东西。

第七章
交际要懂分寸感，尊重他人的心理边界

人与人之间的交往必须保持一定的距离，这个距离不仅指物理距离，还包括心理距离。这是一种礼貌，也是一种正常的心理反应。虽然这个界线看不见、摸不着，但如果踏入对方的“领土”，就会给你的社交带来一定的麻烦。

运用距离效应，不要侵入对方的禁区

在人际交往中，谁都有几个可以交心和分享秘密的朋友。然而，在你将自己的秘密透露给对方前，一定要先问问自己，对方是不是可以为自己保守一切秘密的人。但是倘若说每句话前都去分辨是不是秘密，谈话肯定会很累，而且麻烦、无趣。

所以与人分享秘密前，要得到对方的首肯，确定他可以为你保守秘密，那样谈话就比较轻松，自然也就可以直奔主题。

在别人分享秘密的时候，更要守护好他人的秘密。挚友也好，普通朋友也罢，可能那个跟你一起分享秘密的人，只是想找个说话的机会，找个宣泄口，而正好就选择你了，你最好的选择就是让秘密到你这里就终止。

张先生是一个很看重信誉的人，所以每当朋友告诉他不要透露其秘密的时候，张先生总是守口如瓶。即便最后朋友自己把秘密传遍天下了，张先生也只是付诸一笑。

张先生说：“除了工作，一般个人的秘密就是个人的隐私，为了个人的安全着想，隐私是不可与人随意分享的。朋友找到你倾诉一下他的隐私，那么你就要为他保守秘密。在这个过程中，你的保守其实就是在为他分担压力。直到有一天他的这个秘密可以公之于众了，你就可以成为他最好的朋友，这也是你最大的快乐。”

每个人都有一个独立的精神空间，如果一个人泄露了他人不想让人知道的秘密，肯定会使人对他失去信任。

如果在一个大会场中有一排10个依次排列的座位，在6号和10号位子上已经坐上了两个人。这时，如果你走进了会场，你与已经落座的人互不相识，你最有可能选择的是哪个位子呢？

专家通过实验发现，第3个入场者一般选择8号位子，第4位进会场者一般选择3号或4号位子。专家进一步研究后发现，陌生人之间自由选择座位时一般都会不由自主地遵循这样的法则：既不会主动去紧紧地挨着一个陌生人坐下，也不会坐得离陌生人太远。如果一个人不得已紧挨着一个陌生人坐下，那么他就会十分急迫地把身子挪向另一边。有空位子出现的时候，他肯定会迅速移到另一个空位子上去，很多人为此感到很尴尬。

这是因为每个人都需要一定的个人空间。当然，你和陌生人坐得太远也不行，因为这种行为会在无意中伤害那个陌生人，他可能会认为你是在嫌恶地躲避他。因此，在挑选位子的时候，一定要注意这两个方面的问题：一是要尊重他人的个人区域；二是要与他人保持一种和谐的状态，避免尴尬的氛围出现。

这其实是一种适当疏远的理性原则。当然，在人数不断增多的情况下，每个人的个人区域就会慢慢变小，使得每个人都不得不紧紧地挨着身边的陌生人坐下。这谈不上彼此间的伤害，大家都不会有别扭的感觉，这是一种可以预测的、无声的空间选择规律。

因此，在与陌生人相处时，为了使彼此间的关系协调，请尊重对方的个人空间。

尊重他人的个人空间，如一缕春风、一泓清泉，它能够催人奋进，成为人际关系的黏合剂。它常常与真诚、谦虚、宽容、赞赏、善良、友爱相得益彰，与虚伪、狂妄、苛刻、嘲讽、势利水火不容。

尝试改变别人，只会让双方关系更疏远

很多人都曾有这样的经历：当我们遇到不顺心的事情时，我们总会习惯性地指责别人，觉得别人这样做不对，那样做也是错的，总希望做一些事来改变对方，让对方达到我们的期望——做我们认为正确的事。

但是不得不承认的是，人与人之间交往，不管关系有多亲密，都不意味着想法一定会完全一致。不管我们如何努力去改变对方，对方是否真的会如我们所愿去改变，是其他人无法决定的。

让我们看看这些事实：

在恋爱关系中，我们总是希望改变对方。男人总是希望女人变得越来越温柔体贴，越来越漂亮、能干，恨不得女人上得了厅堂，下得了厨房。女人则希望男人越来越成功，越来越爱自己，总觉得自己把最好的年华都给了男人，所以，两个人只要一有矛盾，就一定要让男方妥协。

在亲子关系中，我们总是希望改变子女，使子女变成我们想象

中的模样。孩子还在幼儿园时就被我们早早规划好未来，是留学还是上国内高校，是做律师还是当艺术家。

回顾一下你的过去，想想你花掉了多少时间，以求改变他人，他们可能是和你一起工作的同事、你的家人、你的朋友、你的某位客户……结果呢？换回来的往往是失望和难过。

在爱情关系中，如果总想着改变对方，则只会拉远双方的距离。学会换位思考，停止抱怨，共同朝一个方向努力，互相理解、互相体谅才会共同提升。如果确实接受不了现在真实的他，那就索性离开。

很多家长为孩子规划未来往往是操心过多。我们无法保证孩子获得成就或幸福，但是我们付出的所有时间和爱便是孩子内心最温暖的记忆，这就足够了。接受孩子也接受自己，这或许才是最好的家长。

其实，每个人都有自己鲜明的个性和主张，试图去改变他人、控制别人，或是要求别人理解自己，只会浪费自己和别人的时间。而且经验一再告诉我们，你越尝试去改变别人，别人越反抗你。这样，你们之间的关系就会陷入恶性循环之中，结果双方都感到沮丧、压抑。

再者，每个人穷其一生都在追求一种安全感，试图说服别人无疑是在某种程度上摧毁别人的安全感。即使你有再充分不过的理由，别人也不会希望被人当面指出自己的错误，并被逼着承认错误。想想确实也是，每个人都很难承认自己的坚持是错误的，即使他心里非常清楚你说得更有道理。

所以，无论什么情况，我们都不要试图用自己的价值观、人生观去改变对方，更不要试图把自己的意愿和意志强加给对方。否则，换来的很可能是两败俱伤，即使再好的朋友也会越来越疏远，最终只会分道扬镳。

给他人留面子，就是为自己积攒人脉

我们都知道，人都爱面子，一个人能给别人面子就等于给人家一份厚礼。所以，我们在交际之中要永远记住这样一句话：“一种行为必然会引起相关的反应行为。”生活中只要你有心，只要你处处留意给别人面子，你也将会获得更大的面子。

古代有个叫郭解的人，他在当地很有名望。一次，洛阳的一个人因为与别人结怨而心烦，就多次央求当地名士们出来调解，可是不管人们怎么说，对方就是不给面子。后来那人就找到郭解，请他来化解这段恩怨。

郭解接受了请求，于是就亲自上门拜访那个人，并做了大量的说服工作，好不容易使那人同意了和解。按照常理来说，郭解此行应该是不负人所托了，完成了这一化解恩怨的任务，就可以走人了，可郭解却高人一着。

当一切都讲清楚以后，郭解对那人说：“这件事听说之前也有好多当地有名望的人调解过，但因不能得到双方的认可而没能达成和解。这次我很幸运，你也很给我面子，我了结了这件事。我在感谢你的同时，也为我自己担心，我毕竟是外乡人，本地人出面不能解决的问题，由我一个外乡人解决了，这未免会使本地的那些有名望的人感到没面子。所以，我想请你再帮我一次。你表面上要做到让人以为我出面也没有解决问题，等到我明天离开这里以后，本地几位有名望的人还会来找你，到那个时候，他们说什么，你就顺水推舟地给个面子，也算是让他们圆满地完成这件事情吧。拜托你了。”

那人听了他的话后，就按照他的说法做了。

上面的故事中郭解的举动看似多余，实则不然。

他帮过的这个人一定会对郭解深感佩服，此人能请得动那么多名士，可见绝不是寻常人，郭解这一举动可赢得这个人的友谊，这是一得；此事后，郭解的好名声很快就会传遍乡野，他在这个地方绝对会是名声日隆，这是二得。

所以说，在交际之中，对朋友的尊重就是要给朋友留面子，而且更重要的是，为别人留了面子的同时，实际上也是为自己长了脸，为自己留下了后路。日后你如果恰好有求于他，他也必定竭力相助，以报当日恩情。这也就是我们所说的“与人方便，与己方便”。

有人说，朋友之间谈面子问题会太虚伪，这其实是不了解人性所致。朋友关系的维持是以相互尊重为前提的，容不得半点强求、干涉和控制。彼此之间情趣相投、脾气对味则合、则交，反之，则离、则绝。朋友之间再熟悉、再亲密，也不能随便得过了头而不讲客套。如果那份默契和平衡被打破的话，友好关系将不复存在。

因此，对最好的朋友也要客气有礼，可以不强调自己的面子，但不可以不给朋友面子。因为看似只是面子的问题，实际上是对朋友尊敬与否的问题。

所以说，在日常的交际活动中，一定要给朋友留点儿面子，这样你的人脉才会越来越广，你的朋友圈子也会越来越大。

学会藏拙，把表现的机会留给他人

有句成语叫作“明哲保身”，其中“明”是明白事理，弄清真相。但若只是明了还不行，为了达到目的，同时保护自己，你还得采取一定的方法和手段。你明明懂得事情是怎么回事，但是考虑到不造成负面的影响，你还要装作自己不懂得是怎么回事。

在平日的交际与行事之中，要注意韬光养晦，不露锋芒，要注意不要炫耀自己的聪明才智。一位哲人说：“如果你想得罪这个人，你就表现得比他优越。如果你想得到朋友，就让你的朋友表现得比你优越。”

比如，当一个人犯了错误时，无论你采取什么方式指出来，一个蔑视的眼神、一种不满的腔调、一个不耐烦的手势都有可能带来难堪的后果。你以为所有人都会同意你所指出的吗？绝对不会！不少人会因为你否定了他的智慧和判断力，打击了他的自尊心，同时还伤害了他的感情，非但不会改变看法，还要进行反击。这时，即使你搬出真理也无济于事。

大多数人都有固执、自负和嫉妒的缺点，都有武断、偏见的毛病。人们一般不愿改变自己对事物的看法。因此，如果在某些时候有人需要我们提醒的话，不妨用若无其事的方式提醒他，就像他忘记了似的。

比如，某人说了句错误的话，我们这样说会更好："我倒有另外一个想法，但不知道对不对，我也弄不清楚。"永远不要说这样的话："看着吧！总有一天你会知道到底谁错了。"这等于说："我会使你改变看法，我比你更聪明。"这实际上是一种挑战，在你开始证明对方是错的之前，他已经准备迎战了。为什么要给自己增加困难呢？

罗宾森教授在《下决心的过程》一书中说过一段富有启示性的话："人，有时会很自然地改变自己的想法，但是如果有人说他错了，他就会恼火，更加固执己见。人，有时也会毫无根据地形成自己的想法，但是如果有人不同意他的想法，那反而会使他全心全意地去维护自己的想法。不是那些想法本身多么珍贵，而是他的自尊心遭到了威胁……"

英国19世纪政治家查士德斐尔爵士曾对他的儿子做过这样的教导："要比别人聪明，但不要告诉人家你比他更聪明。"苏格拉底也一再地告诫他的学生："你只知道一件事，就是你一无所知。"真是绝妙的话语。这两位智者告诉了我们在言语行事上应该遵循的行为准则。永远要相信并记住这一点：我们所遇到的每一个人都是很聪明的。所以我们应该韬光养晦，养成隐藏自己聪明的习惯，留给他人显露其聪明的机会。

譬如，和一些喜欢挑剔找碴儿的人一起做事情，我们便可以故意示人一些无关紧要的小错，以显其聪明才智。有一位颇有名气的画家，名叫法沃尔斯基，他的作品深受大众的喜爱。在画家成名之初，每当一个作品画完后，他总是喜欢在画的一角不伦不类地画上一只小狗。

毫无疑问，美术编辑一定要他把狗去掉，而他总是固执己见，与编辑争论不休。当争论达到白热化的程度，他便做出让步，把画上的小狗涂掉。这样一来，美术编辑便不会再改作品的其他地方。然而，有谁知道，那只小狗竟是画家为了保存作品原有的艺术风格不被改变而精心安排的。

当然，不显得比他人聪明，也不要做得过分，你要做到不显山不露水。不要坦白你曾犯的大错，那样等于告诉他人你的弱点。关于这一点，西方大智者葛拉西安告诉我们，要藏起自己受伤的手指，否则它会四处碰壁。因此，那些你所引以为耻的东西或那些激励你、鼓励你的东西，你都要深藏不露，以免前者延续不断，而后者消失殆尽。

把握好感情投资的度：不轻给、不吝给

人际关系是需要投资的。虽然古人说“君子之交淡如水”，不过，人际关系或多或少都需要一些投入，不仅需要在物质上，还需要在情感上进行投资。但是，感情投资千万别过度。

给人好处或帮助别人是有学问的。别以为“给”这个动作很容易，因为给得不恰当，对方不但不会感激你，甚至还会怨恨你！感情投资过度是会让友情变质的。

有个女孩家里非常富裕，花起钱来总是大手大脚。不过，尽管自己出身于富裕的家庭，但是她从来不会鄙视那些贫穷的人，她对每个人都很热情。

在上大学的时候，她跟同学交往时花钱总是非常大方，很少计较。然而奇怪的是，越是这样，同学们与她的距离反而越远。

原来，她有一个习惯，就是常常给人好处，比如把自己买回来又不喜欢的新衣服送给别人。这本是无可厚非的事情，但是，她

每次都会说："这是新的，我都没穿过，就是不喜欢了，这衣服很贵的。"

这么一来，别人不接受她的馈赠，她就会说别人瞧不起她，如果别人接受了，就等于欠了一笔很大的人情。一来二去，同学们就开始惧怕与她过近地交往了。

可见，感情投资虽理所应当，但是给人好处如果不恰当，则会让人觉得不是友情而是同情。因此，人际交往中一定要把握好物质投资的界限，切莫让友谊变了味。感情投资要恰到好处，就应该把握两个原则：不轻给，不吝给！

所谓"不轻给"，就是不轻易给对方，而要让对方为这好处花一些心力，让他在付出之后才得到。这样，不仅能让他更珍惜这份来之不易的好处，而且更重要的是，他内心不会有被同情的感觉。如果你随便给人好处，或想以好处来讨别人欢喜，别人不但不会珍惜这些好处，反而会觉得你看不起他。

不吝给，就是不要吝啬的意思。不吝给是指应该给、必须给、不得不给时，就要毫不吝惜地给，慷慨大方地给，不怕给得多，只怕给得少。

当对方有恩于你时，当你要重用某人时，或者为情势所迫时你不仅要给得干脆，还要尽量多给。

虽然朋友相交需要彼此信任，但是，你也不知道对方是真心还是假意。正所谓害人之心不可有，但防人之心不可无。在人际交往中，千万不要轻信他人。

在待人处世时，尤其是对摸不清底细的人，切记做到“逢人只说三分话，未可全抛一片心”。心事不要随便说出来，当别人看透或者知道你的心事的时候，你的脆弱就会暴露在别人面前。任何人若能在保守秘密这个问题上处理得当，就不会因泄露秘密而把事情搞得复杂化。

尤其是初次见面或者才见了几次面，就更不应该掏心窝说话。

在待人处世时，绝对不要轻易就把自己的底细交代给对方，不论在任何情况下，话到嘴边留三分，不必凡事都和盘托出。

刚认识时，大家只是点头之交；在交往一段时间后，筛选可深交或浅交的对象；再经过一段时间细心考察后，觉得适宜才可以选择成为推心置腹的朋友。但推心置腹也没必要把所有的事情都交代得一清二楚。

当然，闭紧心扉也不是好事。谈心的时候不妨说说无关紧要的心事，这样可以放松自己，也可以满足对方探求深入的心理。

不把自己的秘密全盘地告诉给对方是处世的重要原则，不要亲手为自己埋下“炸弹”。有句老话叫作“祸从口出”，为人处世一定要把好自己的口风。什么话能说，什么话不能说，什么话可信，什么话不可信，等等，都要考虑清楚。要知道，话一旦出口，就覆水难收。

第八章

迂回社交，巧妙化解社交活动中的难题

在社交场合，总有一些人是你无法回避的，总有一些社交难题摆在你面前。那么，该如何处理呢？是迁就、强迫，还是妥协？其实这些反应都是无效的社交方式，真正有效的解决方式是协同，通过坦诚沟通，努力找出和谐相处的办法。

嫉妒心重？用爱心感化他

嫉妒心是每个人都会有的“心魔”，人们为了争夺一定的权益，往往会对相应的幸运者或潜在的幸运者怀有一种冷漠、排斥，甚至是敌视的心理。

可以说，嫉妒心是每个人都存在的心理，一个人所嫉妒的对象一般是同事、同学，或是与自己有较大利害关系的人，因为这些人同自己关系密切，是直接的竞争对手。而嫉妒自己的兄弟姐妹更是较普遍的现象。

有些时候，嫉妒也不全是坏事，因为嫉妒常常引人虚心向别人学习，发现自己的不足，通过自身努力赶上或超过别人。在这个过程中，人的嫉妒心理是向上的、健康的，是积极要求自己上进的。

但有些嫉妒心重的人却是可恨的。他们不能容忍别人的快乐与幸福，不喜欢别人比自己强，一旦别人比自己强了，就容易生气，或是心里酸溜溜的。于是，有的人挖空心思用流言蜚语对别人进行恶意中伤；有的人会故意做出一些小动作，破坏别人的幸福；有的人甚至还会写一些匿名信；等等。这样的人明明就是吃不到葡萄说葡萄酸，他们的内心极其自卑、阴暗，享受不到阳光的美好，体会不了人生的乐趣，永远生活在他们自己的黑暗世界里。因此，请记住这一点：嫉妒不过是对强者的愤恨，这种愤恨只会使自己止步不前，甚至走向不好的极端。

那么，如果我们遇到一个嫉妒心很强的人，又该如何与其相处呢？这里给你提供几个建议。

与嫉妒心很强的人相处时，最好不要区别对待他们。因为嫉妒心强的人本来就多疑、爱猜忌。所以，与其费尽心思琢磨如何与其相处，不如把他们当作普通人来看待。

有时候，有些嫉妒往往因误会而产生，这就需要用心平气和的方式与对方进行交流；否则，误会越来越深，很可能会干扰和破坏正常的人际关系。

对嫉妒者要采取鼓励的态度。嫉妒者之所以嫉妒，往往因其处于劣势，心理上容易失落和不平衡，虽然表面上看气势十足，但内心却是空虚的、悲观的。所以，与嫉妒者相处时，要学会从客观的角度分析他的长处，增强他的信心，进而转变他的错误想法，而且还要在力所能及的情况下，为嫉妒者提供一些实质性的帮助，使嫉妒转向公平竞争。

俗话说："恨是离心药，爱是黏合剂。"所以，如果能够用爱心去感化嫉妒者，则恩怨自然会化解。

爱发脾气？宜冷处理、后发制人

不论在何种场合，我们都得和形形色色的人打交道，他们每个人都有独特的性格，同时也有自己的情绪和问题。有这样一类人，他们总是会情绪失控，动不动就火冒三丈。而你的身边往往也会有这样的人存在，他们会让你的生活变得一团糟，可你还不能忽视这样的人，还得同他们打交道。

特里是一名好主管，但脾气经常会失控，忍不住对同事大喊大叫，甚至对自己的老板也不例外。虽说特里的脾气来得快，去得也快，但是这个不好的习惯会影响整个团队的工作，而且往往需要很长时间才能让团队恢复正常。

就特里的这个脾气，老板说过他好多次，但总是收效甚微。

用嘴伤害人，的确是一种愚蠢的行为。被吼之人，哪怕是身边的亲人、朋友，在事后都需要花上几个小时，甚至是几天的时间，才能恢复正常的工作状态。很多时候，一个人生气时所说的话就像钉子一样，会在别人的心里留下伤口，不管事后说了多少句“对不起”，那些伤痕都会永远存在。因此，这种为人处世的方式是绝对不可取的。

但是如果我们周围就有一些脾气暴躁的朋友，又该如何和他们相处呢？针对这种爱发脾气的人，这里有一些建议。

暂时远离发脾气的人，例如把对方单独留在房间中，直到他平静下来。

待对方平静下来了，再同他来一次心贴心的交谈，并指出你能理解每个人都有情绪不好的时候，但是如果不顾场合地乱发脾气，就不会被大家所接受了。

脾气不好的人并非不讲理的人，还是会听进去别人的意见的。因此我们和这类人相处时，一定要好好地沟通一下，告诉他，应该学会怎么控制自己的脾气，总是发脾气也是不好的。

和脾气不好的人相处时，千万不要积攒自己的情绪。因为和他们相处时间长了，总是会看到他们发脾气，如果我们积攒自己的情绪，很容易就会被他们所影响。

不要与脾气急躁的人斤斤计较，因为他们最容不得锱铢必较。所以，你需要有宽宏的气度，以柔克刚，自然就会化急躁为温和。

掌握与爱发脾气的人交往的主动权，尽量不要使“小脾气”有条件出现。当对方发脾气时，要巧妙地引导对方。即便你不赞成对方的观点，也不要针锋相对，当即反击，可以先听完，再采取不赞成对方的观点后发制人的办法。

过于敏感？宜从对方的需求考虑问题

在我们身边，总有一些人交往起来让人感觉如履薄冰。别人无意的一句话都可能让他们听出敌意，别人说话轻了、说话重了都会让他们郁闷很久。这样的人感情特别脆弱，神经总是绷得特别紧，我们称之为“敏感”。

比如，面对被人批评这件事，虽然大多数人能够接受有价值的批评，但是敏感的人却对所有批评都表现得深恶痛绝。不管遇到什么情况，只要你做出哪怕是最轻微的批评，他们都会变得神经紧张，说你是在找他们的茬。

在每周一次的例会上，领导因为W姑娘在数据核算上的一个失误而搞丢了一个利润很高的项目，当众批评了她。

散会后，同事A恰好从W身边经过，只是不经意地多看了她一眼，却惹得生性敏感的W一通无端的猜忌：“A是不是在嘲笑我丢了项目？”“A为什么要用同情的眼光看我，我是需要同情的人吗？”

于是，整整一天，W姑娘被焦虑和多疑淹没，将自己和周围的一切都隔绝开来。

其实，这位W姑娘由于害怕被批评，所以在平时的工作中就经常表现得谨小慎微，为了不去犯哪怕是最小的一个错误，她总是需要反反复复地检查。

虽然这确实能够降低她遭受批评的可能性，可是她所消耗的时间也往往会拖累整个团队。更糟糕的是，每当需要她做出决定的时候，她总是支支吾吾、犹豫不决。

很多时候，粉碎幸福感的往往不是成堆的工作、复杂的人际关系，而是一个人敏感又脆弱的“玻璃心”。一些看似微不足道的敏感，往往能毁掉原本属于你的幸福。

就像朋友间难得的聚餐，大家觥筹交错间你一言我一语聊得正欢，你却为任何可能涉及自己缺点的话语而忧虑重重。朋友察觉到你的异样，以为是饭菜不合你的胃口，以为是你的工作遇到麻烦，于是别人在一起欢声笑语，你却在孤独的世界里胡思乱想。结果，这次聚餐伴随着大家的热情拥抱和对你的不解而结束，纵使你也有委屈，却难以改变别人给你贴上的标签。

其实，敏感就是自卑的表现，而敏感之人之所以敏感，往往是因为早年的心理创伤没有处理好。一旦遇到某种可能引发创伤的类似刺激，他们就会出现夸大、逃避或反击行为。比如，有人从小就因为个子矮而被人打击、嘲笑，由此产生无助感、弱小感，即便成人以后，他仍然可能对此表现得特别敏感。

或许每个人周围都有一个特别敏感的人，但是你又不能忽视这样的人，不得不同他们打交道；而且也许你就是那个特别敏感的人。那么该如何对待他人或是自己的这种敏感呢？

首先，当你与过于敏感的人相处时，态度一定要和善一些，注意相处的方式。

其次，你可以先就他们已经完成的工作给予肯定，夸上一两句，再就可以改进的地方，提出一些建议。

最后，学会理解他人，可以站在他人的角度去看待事情，而不是总是站在自己的角度考虑问题，从而忽略别人的感受。

另外，如果你是敏感的人，当你感受到周围人的情绪时，一定要保持冷静，这可以帮助你更好地解决问题。

思想过于消极？试着转化其消极情绪

你是否注意到，当你与某个人见面的时候，仅在几秒内，你就会在心里对自己说："我不喜欢与这个人接触。"在现实生活中，有一种人似乎天生就有消极的毛病：他们总是在抱怨、指责、发泄、批评，不管你说什么，他们只会反对。不管什么事情没有完成，他们都总能找到借口。他们似乎只能看到这个世界的阴暗面。在你的周围或多或少都会有这样一些人存在，与这样的人在一起往往会消耗你的能量，让你感受不到生活的阳光，更感受不到爱。

消极的人如同黑洞一样，不知从哪里冒出来并侵蚀你的生活。如果你不需要时常与这些人相处，当然可以尽量远离他们。然而，有时那些充满负能量的人恰恰是你最亲近的人，可能是你的父母、兄弟姐妹，也可能是你的朋友。尽管这些亲近的人是爱你的，但是他们仍然会用一些极端的、错误的观念来跟你沟通，甚至还会对你说出一些极具伤害性的话语。

或许你压根就不喜欢跟这类人沟通，但不幸的是，在现实生活中，与这类消极的人打交道是不可避免的，这时就要想办法去处理了，否则很可能会不断地迎来矛盾与冲突。那么，我们该如何和消极的人相处呢？这里有几个方法，可以帮助你更有效地跟这类人交流。

1. 把与消极之人相处看作一次挑战

当消极之人不去干该干的事情，而是找一堆借口的时候，别和他们针锋相对，也别试图进行反驳，讲道理只会让他们的逆反心理变得更加强烈。

2. 笑而不语

无论消极之人的言辞多么激烈，你只需要把自己抽离出来，保持笑而不语。如果可以，那就选择离开那个场所。有时候，消极之人只是想看到你的回应，当你没有给予回应时，他自然就会安静下来，因为自言自语实在没有意思。所以，笑而不语也不失为一种良策。

3. 转移话题

当你的身边有人消极地抱怨他们的不幸时，首先要认可他们所说的事情，然后尽快进入另一个话题。比如，你可以很真诚地对对方说："我很抱歉听到这个。"然后提出一个比较积极的建议："我们去喝杯茶吧，边喝茶边谈这个项目，我想知道你的一些想法。"

4. 给予对方真心的赞美

有时候，给予消极之人一些赞美可以让他们树立自信，同时也能把谈话氛围变得更加积极。为此，你可以就对方处理问题的方式说一些赞美的话，比如："我很感动，你能在这么艰难的情况下解决这些问题，真了不起。"

5. 多些同理心

每个人都会遭遇一些烦心事，都会有心情不佳的时候，也许你也经历过对方经历的那些事情。所以，当遇到这些消极的人的时候，你可以这样想：可能他们遇上什么不顺心的事了，可能他们昨晚没睡好，可能他们家里发生了什么事，可能他们正在遭受挫折、失败，以致他们如此沮丧。

既然每个人在生活中都会经历一些消极的事情，而我们又无法了解别人的生活状况，那么我们就要尝试着去理解。你可以这样对自己说："这个人现在的处境比较糟糕，这不是我引起的，我希望他没事。"也可以直接告诉对方："真没想到你经历了这些事情还这么坚强，我也遇到过同样的状况，但处理得没有你好。"

6. 先发制人

很多时候，消极的人并没有意识到他们消极的态度，所以，当你与消极的人进行谈话时，你可以使用反问的方式，先发制人。比如，如果你是某位态度消极员工的领导，你可以这么对他说："难道你不愿意接受这份工作吗？"然后，对方很有可能会回应说："哦，不是，我并不是这个意思，您可能误会了……"如此就可以化解消极尴尬的气氛。

7. 学会拒绝

如果对方一味地强调自己消极的情绪，而你也厌倦了总是考虑他人的感受、事事迁就他人的处事方式，这时请保持平和的语气，不生气也不沮丧，直截了当地告诉对方："对不起，听到这些我很难过，但我真的需要工作了，可能没有时间再听你抱怨。"

8. 转化对方的消极能量

有时候，跟消极之人讲一些幽默、可笑的事情，往往可以帮助他们寻找快乐，转化消极能量。你不妨这么想：我要说些什么搞笑的话来转化这种负能量呢？这对提高你的人际交往能力、影响力都很有帮助。

第九章
优雅社交，破解社交礼仪中的心理密码

社交礼仪的直接目的是表示对他人的尊重。尊重是社交礼仪的本质。每个人都有着被尊重的精神需要。在社交活动中，如果按照社交礼仪的要求去做，就会使对方获得被尊重的满足，他就会获得愉悦感受，由此人与人之间的关系就会变得和谐而美好。

个人礼仪，打造属于自己的品牌效应

礼貌待人，是指与人交际时所持有的诚恳和气、谈吐文明、举止谦恭的待人态度。它反映着一个人的精神面貌和文化素质，是一个人心灵美、语言美和行为美的和谐统一。

礼貌待人是人类文明千百年优良行为的积习，也是社会不断发展进步的产物。人们往往把它看作一个国家和民族文明程度的重要标志，在这方面，我们中华民族有优良的传统，从而赢得了“礼仪之邦”的美誉。

我国古代思想家经常强调“礼”的作用。

“礼”有广狭二义：广义的礼，大致包括制度、行为规范和风俗文化等；狭义的礼，指礼仪、典章礼节和礼貌。“礼”和“义”也在随着时代的发展而变迁。从古至今，礼貌待人一直体现于我国社会生活的各个领域之中。

中华民族素以家庭和睦、注重亲人感情而著称于世。我国的传统道德提倡“父慈子孝，兄爱弟敬，夫和妻柔”，这些人伦规范都要通过礼貌的方式才能实现。

礼仪是尊重自己、尊重别人的表现形式，进而言之，礼仪其实就是交往艺术，就是待人接物之道。在与人交往时，我们需要掌握一些必要的礼仪。

1. 交往艺术与沟通技巧

（1）交际场合中的交往艺术

使用称呼就高不就低，入乡随俗，摆正位置，以对方为中心。

（2）交际中的沟通技巧

语言技巧：要善于从不同行业、不同角度看问题。

看名片的技巧：注意名片是否经过涂改，是否印有住宅电话，是否头衔林立，座机号是否有国家和地区代码，以在最短时间内获取对方更多的信息。

解决问题的技巧：观念决定思路，思路决定出路。要善于抓主要矛盾，找到解决问题的突破口。

出入电梯的标准顺序：有人控制电梯，陪同人员后进后出；无人控制电梯，陪同人员要先进后出。

2. 交际交往中的礼仪重点

摆正位置，端正态度：只有准确定位自己，才能做到言行适当。

交谈的禁忌：掌握交谈四忌——忌打断对方，忌补充对方，忌纠正对方，忌质疑对方。这是进行有效交谈的前提。

交际三要素：灵活运用沟通、认知、互动。

餐桌五忌：吸烟、给他人夹菜、劝酒、整理服饰、吃东西发出声音。

正式场合自我修饰的注意事项：包与鞋的颜色一致，女性发型要时尚得体，女士化妆要清新自然，男士腰上不挂任何物品。

3. 交际交往中的礼仪互动

角色定位：在形象上，要力求使自己“干什么要像什么”。在行动上，要因人而异，看对象讲规矩。如乘坐轿车时，不同场合上座是截然不同的——公务用车时，上座为后排右座；社交应酬时，上座为副驾驶座；接待重要客人时，上座为司机后面之座。

双向沟通：在沟通上应做到双向沟通，既要了解别人，更要让别人了解自己。

请客时要考虑的问题：在宴请时应注意请客的艺术，第一个层次是吃饱，第二个层次是吃特色，第三个层次是吃环境，第四个层次是吃文化。请客的最高层次是“吃文化”，同时要切记注意民族饮食禁忌。

4. 交际交往中的礼仪理念

尊重为本：尊重包括自尊及尊重他人。自尊有三个要点，即尊重自我、尊重自己的职业、尊重自己所在的单位；尊重他人有四个要点，即尊重上级、尊重同事、尊重下级、尊重客户。

善于表达：在交际交往中，首先要有主动沟通的意识，其次要积极表达，选择恰当的话题。适宜选择的话题包括拟谈的问题、格调高雅的话题、轻松愉快的话题、时尚流行的话题、对方擅长的话题。此外，交谈之前对对方进行了解是必不可少的。

行事规范：在交际交往中要遵守行事规范，其主旨是“有所不为，有所为”。有所不为是必须做到的，有所为是力争要做好的。

商务礼仪，增强竞争力的秘密武器

礼仪是一种在人际关系和社会交往过程中所应具有的相互表示敬重、亲善友好的行为规范，是人的一种内在涵养的充分体现。从个人角度看，优秀的礼仪素质不仅有助于提高个人的修养，还有助于美化自身、美化生活，并且有利于与他人的交往与沟通，使人获得良好的人际关系。

以前，对于礼仪的概念及重要性理解不透，总认为礼仪好坏是个人问题，人与人不同，甚至认为礼仪是天生的。认真学习后，才进一步明白，礼仪不仅是个人形象的社会表现，而且还关系到所在单位的荣辱得失，尤其像服务行业，个人的礼仪素质直接关系到顾客的满意度，关系到企业的形象，关系到单位的经济效益与社会效益。

商务礼仪教程告诉我们，一个人的成功并不完全源于个人的能力与机遇，还要靠纵横错杂的人际关系。当人脉资源被你掌握后，你也就离成功不远了。只有通过不断的学习，持续的锻炼，从内心深处感受礼仪之美，从言行上表现礼仪之美，努力提高个人修养，增强专业素质与心理素质，才能有效体现对人、对事、对工作的服务素养。

我国素有礼仪之邦的美誉。自古以来，讲礼重仪在我国的社会生活中，就一直处于至关重要的地位。随着时代的发展、社会的进步以及人与人交往的日益频繁，礼仪成为现代社会中人们生活不可缺少的重要部分。学习礼仪知识，运用礼仪规范，对提高公民精神文明水平，促进社会交往和国际友好往来，具有现实的意义。

随着时代的变迁、社会的进步和人类文明程度的提高，现代礼仪在对我国传统礼仪扬弃的基础上，不断推陈出新，内容更完善，更合理，更加丰富多彩。

而在现今社会的商务交往中，公司员工是否懂得和运用商务交往中的基本礼仪，不仅反映出该员工的自身素质，而且折射出该员工所在公司的企业文化水平和经营管理境界。为提高员工自身素质，构筑企业良好的公众形象，我们必须要学习商务礼仪中的一些重点原则。

1. 树立良好的第一印象

在商务交往中，客户的态度往往是基于对方的仪容、仪表、仪态而产生的。所以说，给客户留下的第一印象，就是下一步合作能否成功的关键。而第一印象中，仪容、服饰、肢体语言，又是其中重要的几个方面。

仪容方面：首先，要整洁干净，尽量让头发充满自然光泽，男士不宜留长发或发型夸张，女士应将长发盘起，体现出干练、优雅的形象；发饰不应太夸张，最好明亮一点儿。其次，脸部应保持干净，男士尽量不要留胡子，女士以淡妆为最佳，可以上一层轻薄的粉底，其余重点放在眼、唇、颊三个部分，不仅让人觉得清新自然，而且还是尊重对方的表现。

服饰方面：首先，无论什么场合，穿着的服饰都应以大方、干净、得体为主，着统一制服的部门，切忌制服脏、皱、破、乱，维护好公司的统一形象。

其次，职业女性的上班服装应注意配合流行但不损及专业形象，原则是“在流行中略带保守，是保守中的流行”。太薄或太轻的衣料，会有不踏实、不庄重之感。衣服的样式宜素雅，花色衣服则应挑选规则的图案或花纹，如格子、条纹等。男士着装遵循原则：（1）三色原则，全套装束颜色不超过3种；（2）三一定律，皮鞋、手袋、皮带的颜色保持一致；（3）三大注意事项，穿西装必须打领带，西装上的标签必须拆除，穿深色西装不可配白色袜子。

肢体语言方面：分为站姿、蹲姿、坐姿、走姿、手势等几方面，都应以大方得体为主，切忌畏畏缩缩、不大方、不恰当的姿势，应给人以肯定、明确的印象，让对方产生好感。

2. 要懂一些商务交往礼仪

商务交往礼仪包括电话沟通礼仪、谈判礼仪、馈赠礼仪以及就餐礼仪。其中，电话沟通中要求态度礼貌友善，传递信息简要，控制好语速、语调，使用好礼貌用语。当确需向对方馈赠东西时，还应把握好馈赠的礼仪，公关礼品是向对方表示尊重和友善之意的一种载体。礼品重在表达情感和尊重，在选择礼品时，不仅要关注礼品的内容，而且要关注赠送礼品的形式，其中更有5类忌送的礼品：现金、宗教禁忌、药品、有违公德的礼品和带广告标志的礼品。进行商务洽谈时，要注意营造良好的谈判气氛，与对方建立和积累感情，在谈判之外建立感情，更要注重感情投资的前瞻性。

总之，礼仪是待人接物、进行社会交往的重要手段。在社会生活中，人离不开社会交往，不同的对象、不同的场合，有不同的规矩、规则和讲究。每天，我们要出入各种公共场所，参加各种社会活动，接触形形色色的各类人群，可以说无论是从政经商、日常工作，还是待人接物、居家外出，均离不开礼仪。

虽然我们不可能认识周围所有的人，但我们还是希望自己是一个稳重得体、礼貌待人，同时又能够被别人友好对待的人。因此，礼仪不是生活小节，它展现的是一个人的风度和魅力，是一个人内在的精神风貌、个人学识、文化修养的集中体现。

礼仪是人类文明的标尺，是每一个人人生旅途中的一门必修课。知礼懂礼、守礼行礼是一个人立足社会的基本前提，是人们成就事业、取得成功的重要条件，是现代人的处世根本、立业之基。

一个人置身社会，只有通过礼仪才能使人际关系融洽，才能得到良好的合作关系，才能得到社会的认可和好评。礼仪可以带给你社交成功的喜悦，礼仪更可以为你的生活带来快乐和欢愉。

生活礼仪，让生活充满仪式感

在生活中，吃饭、穿衣、走路、会客，乃至开会、访友、探病都有一定的礼仪。

例如，有的人吃饭没有吃相，走路没有走路的样子，甚至坐没坐相，站没站相，这就是没有生活的礼仪；有的人衣冠不整，这就是没有合乎穿的礼仪；有的人谈吐庸俗，这就是没有交谈的礼仪。这里所说的礼仪，是从衣、食、住、行、人际往来约略谈之。其实，礼，存乎一心，只要行之有据，都是礼仪。

人的社会化起始于家庭，人的文明礼貌的养成也必然是从家庭开始。

每个家庭都要重视构建家庭礼仪文化，使家庭成员在礼仪文化的熏陶中成为懂礼貌、有教养的人。家庭礼仪，指的就是人们在长期的家庭生活中，用以沟通思想、交流信息、联络感情而逐渐形成的约定俗成的行为准则和礼节、仪式的总称。

家庭礼仪在现代社会生活中发挥着重要的作用。简单地说，家庭礼仪是家庭幸福的基础。家庭礼仪能使家庭成员之间建立和谐的关系，家庭礼仪也有助于社会的安定、国家的发展。无论是谁，在家庭中要想关系和睦就要做到“知书达理”。

除了家庭的礼仪，还有朋友之间的拜访礼仪也要注意。

拜访者应遵守“客听主安排”的原则。当你到主人寓所拜访时，作为客人进入主人寓所之前，应轻轻叩门或按门铃，等到主人回答或有人开门时，方可进入。若是主人亲自开门相迎，见面后应热情向其问好；若是主人夫妇同时起身相迎，则应先问候女主人好。若有不认识的人出来开门，最好问：“请问，这是××先生的家吗？”得到准确回答方可进门。

当主人把来访者介绍给自己的家人，或向来访者介绍家人时，来访者都要热情地向对方点头致意或握手问好。见到主人的长辈应恭敬地请安，并问候家中其他成员。当主人请坐时，应道声“谢谢”，并按主人指定的座位入座。主人上茶时，要起身双手接迎，并热情道谢。对后来的客人应起身相迎，必要时，应主动告辞。如带小孩做客，要教其礼貌待人，尊敬地称呼主人家所有的人。如主人家中养有狗和猫，不应表示害怕、讨厌，不应去踢它、赶它。

古人云：“入其家者避其讳。”人们常说，主雅客来勤；反之，也可以说客雅方受主欢迎。所以，拜访的时候要做到举止文雅、谈吐得体，不做粗俗之客。在普通朋友家里，未经主人相让，不要擅入主人卧室、书屋，更不要在桌上乱翻，在床上乱躺。做客的坐姿也要注意文雅。

不要乱脱、乱扔衣服。与主人关系再好，也不要翻动主人的书信和工艺品。同主人谈话，态度要诚恳自然，不要自以为是地评论主人家的陈设，也不要谈论主人的长短和扫兴的事。交谈时，如有长辈在座，应用心听长者谈话，不要随便插话或打断别人的谈话。

不做难辞之客，要做到惜时如金，适时告辞。准备商量事，拜访要达到什么目的，事先要有打算，以免拜访时太过拖沓，若无要事相商，停留时间不要过长、过晚，最好不要超过半小时，因为没有要事的时候在别人家中干巴巴地消磨时光是不礼貌的。

访客要学会察言观色，拜访目的达到的时候，若是看到主人显得疲乏，或意欲他为，或还有其他客人，便应知趣地适时告辞。假如主人留客心诚，执意挽留用餐，则饭后停留一会儿再走，以示礼貌。辞行要果断，不要“走了”说过几次，却口动身不移。辞行时不要因为仓促忘记向其他客人道别，要记得感谢主人的盛情款待。

出门后应请主人就此留步。有意邀主人回访，可在同主人握别时提出邀请。从对方的公司或家里出来后，切勿在回程的电梯及走廊中窃窃私语，以免被人误解。

拜访之时还要适当地准备一些得体的礼物，当然鲜花是最受欢迎的了，而且鲜花还比较容易准备。可以选择送不同类型的花，如送鲜花、束花、盆花、插花等，但不要将凋零、衰败的花送人。

人活在这个世界上就免不了与人交往、与人接触，要懂得接人待物，学会为人处事。这看似是一件平常得不能再平常的小事，但是大有学问，礼仪就是这学问中很重要的一个环节。不然的话为什么有的人人缘好、交际广、宾朋满堂，而有的人则人缘不好、没有朋友。很明显，知礼者得众，失礼者失人。

第十章
管理人脉，提炼圈子中的“人脉金矿”

金子总是不容易被挖到，因为真正的金矿总是很难寻觅。选择好的圈子是一种运气，躲开不利的圈子则是一种睿智。每个人都需要对圈子进行优化，提炼圈子中的“人脉金矿”。

交友多，不代表交际能力强

交朋友要严把质量关，量不代表质，一个人的精力应该花在值得交际的朋友身上。

在生活中，我们经常可以看到这样一种现象：一个人风光时会有很多朋友一起跟着吃吃喝喝，但当这个人遭遇了危机或者困境时，那他周围的朋友或多或少都会减少一些。因为生活中的危机和困境往往是最能考验人心的。

在理论界，有的学者认为人脉学存在“二律背反”。也就是说，人脉理论看似颇有道理，但是，运用哲学的辩证分析，就会发现人脉圈子有时也会成为一种致命的破坏力量。我们总说朋友多了路好走，但很多时候，人脉圈子确实像一种双刃剑，它既能给你带来无形的资产，同时也会潜藏无形的危机或有形的矛盾。要知道，一个圈子，不可能没有冲突和矛盾。就拿投资来说，没有一个投资者会以个人好恶或者感情作为投资的依据，做投资要理性，不能靠关系好坏；同样，在圈子中生存也是一样的道理，不能意气用事。

很多人把人脉比作“存折”，以此来强调人脉资源在每个人一生中的重要性。但你要知道，人脉不是“储蓄”起来就可以万事大吉的。人脉不是收藏品，一定得运转起来、互动起来才能发挥效用。

社会上的一些人因交友不慎走上违法犯罪的道路，以致使自己的前程、理想、事业全部化为乌有。中央电视台的《法治在线》栏目曾经报道过以《一个企业家的毁灭》为标题的一期节目。

某建筑安装工程有限责任公司经理，在业务往来中结交了许多朋友。一天，一个朋友和他一起吃喝玩乐后把他带到宾馆的一间豪华房间，神秘地递给他一支香烟。该经理毫不介意地抽了起来，不一会儿，他就感到了异样。这时，朋友告诉他，香烟中放了毒品。该经理听后非常生气，但是回味一下刚才的感觉，他便不能控制住自己的欲望了。于是，他干脆向那位朋友又要了一些毒品。

就这样，随着时间的推移，该经理的毒瘾越来越大。毒品不但侵蚀了他的身体健康，而且让他花光了二十几年辛苦积攒下来的积蓄。最终，该经理落得个众叛亲离的下场。在毒瘾的痛苦折磨之下，他爬上了一座十二层楼房的楼顶，然后跳了下去，结束了自己的生命。就这样，一个颇有前途的人就因为交友不慎，被骗吸毒，最后竟丧失了生命。

所以说交朋友还是有大学问的，尤其是我们走向社会以后，各种不同的人聚在一起，没有想象中那样单纯。所以一定要讲究交友的动机，确定人品后方可深交。

在交往中，真正的人际关系不是用名片或电话号码的多少来计算的。尽管某个时期朋友的人数不断增加，却并非意味着人际关系进入了充实期。而且随着交际人数的增加，你就必须对你身边的人脉关系进行整理了。因此，交朋友要有一定的智慧和策略，主要注意以下几点。

1. 多交必滥

交友结友不在多，而在于质量好，多交必滥，这是中国古代人对交朋友的经验总结。人们常说："朋友遍天下，知心有几人？"况且，一个人的精力是有限的，如果不加选择，一味地以多结交朋友为荣，则会整日忙于应酬，把大部分精力都放在与朋友的交往上，必然影响自己的正常工作、学习和生活。再者，结交的人多了，也必然影响到对朋友的观察和鉴别，如果所结交的人中有品行不端或用心不良者，也很可能给你带来危害。在社会上，确实有这么一种人，以广泛结交朋友为荣，可以说三教九流，无所不交。严格地说，这不是在交朋友，只不过是不负责任的一般交际行为。真正的朋友不在于相互利用，而在于有共同的志向和思想，在于互相帮助，使生活增加乐趣，让友谊为你的生活再增添一些光彩。

2. 不可轻率

我们可以把结交朋友看作一件十分严肃的事情。当你在结交朋友时，一定要认真对待，绝对不可轻率。在与对方交往的过程中，要注意观察其思想、兴趣、爱好、品质和行为，掂量一下是否值得自己去结交。当然，这里并不强求朋友各方面都比自己强。“毋友不如己者”，孔子是说不要和不如自己的人交朋友，这种观点虽然带有很大的片面性，但也说明了交友不可轻率。因为朋友之间本是互有短长的，在这方面你有优点，在其他方面他有特长。朋友相处，长短互补，这也是交朋友的益处之一。孔子的意思是要交思想纯净、品德高尚的人，向这样的人看齐。还要注意，看朋友是否值得结交并不是不允许朋友有缺点。人无完人，朋友也是如此。只要你所结交的朋友品行端正，能够真心帮助你，不会给你带来伤害，就可以了。

3. 谨慎择友

我们在择友的过程中，首先一定要明确自己的标准，且结交品行端正、心地善良、乐于助人、勤奋上进的人。这样的朋友就是益友，会对你有很大帮助。有的人以兴趣相投作为唯一标准，而不论对方的思想品行，只讲朋友义气，只要你对我好，我也对你同样好，你肯为我赴汤蹈火，我也会为你两肋插刀，至于是否有利于自己，有利于他人和社会，则根本不考虑。在他的朋友中，既有讲吃讲喝者，又有讲玩讲闹者，甚至还有为非作歹、流氓地痞之类的人。“近朱者赤，近墨者黑”，这样一来二去，难免会影响到他自己。因此，我们一定要慎重选择朋友，切不可滥交，一定要避免和那些品行不端的人结交，免得沾染恶习。

4. 保持合适的距离

结交朋友应该根据彼此投缘的程度，确定一个双方都觉得安全的距离。一般的朋友距离可远一些，生死之交距离可近一些。但关系再好，彼此也应该保持一定的距离，使双方都觉得熨帖。过分关心别人，包办别人的事情，只会使对方感觉厌烦。同时，距离太近，万一侵犯他人隐私，往往容易惹祸上身。

摒弃无效社交，让你的社交变得有价值

很多时候，我们常常觉得自己朋友满天下，但事实真是这样吗？

有这样一个例子，有个朋友喜欢跟人吹嘘，说自己的手机里储存了数千个电话号码。有一次，别人问他：“你有那么多朋友，经常联系的有多少？”这位朋友只得老老实实地回答道：“大概30位。”

也就是说，只有这30位朋友才是他的有效人脉，其他的都是“无用资源”。这些在各种社交场合跟别人要来的电话号码根本没有产生社交价值。

其实，真正有效的社交是懂得如何与别人进行有效沟通，并且能灵活地应对各种突发状况。虽说科学技术让人与人之间的沟通变得更加便捷了，但是某种意义上，也让人与人之间变得越来越疏远了。

前段时间，小A被一位同学拉入了小学同学的微信群。

一开始，小A还经常在微信群里说说话、露露脸，但是很快就

发现昔日的同窗好友除了互相吹捧，剩下的就是谁谁的孩子上了哪家收费颇高的国际幼儿园，谁谁最近生意上只一个月就赚了几百万元……看看同学，再看看自己，小A感慨万千。

没多久，她在微信群里发起的话题越来越少，得到的响应更是少之又少，很快她就被大家给遗忘了。再后来，小A就像消失了一样，不再说话，没了音讯。

相信很多人都有过类似的经历：参加某些聚会时，刚开始还聊得热火朝天，但是聊着聊着，却发现彼此的生活经历、个人习惯、家庭背景实在是差异太大，最后连话都搭不上。在这些看似活跃的圈子里，除了忙碌，我们还收获了什么？

《世说新语》中有这样一个故事：

管宁和华歆是一对朋友。一天，他俩一起在园中锄草，锄着锄着，管宁突然发现地上有一块金子，然而，他却视而不见，专心做自己的事情。华歆看到了，就把这块金子捡起来，可是，当他看到管宁的神色后，又把这块金子给丢下了。

还有一次，管宁和华歆一起读书，突然，门外传来一阵热闹的声音，管宁两耳不闻窗外事，一心读书，华歆则跑出去看热闹。管宁见状，就决定割断席子与华歆分开坐，并表示绝交。

我们每天往往要花费很多时间经营人脉，但是有很大一部分时间是在与道不同的人勉强交往。有个比喻是这么说的：“你是砍柴的，他是放羊的，你和他聊了一整天，人家的羊吃饱了，而你的柴有没有砍好呢？”言外之意是说，砍柴的陪不起放羊的，聊了一整天，也没有给自己带来任何价值，如此低品质的社交还不如早早放弃。

很多时候，我们总是一厢情愿地给社交贴上一个崇高的标签。然而，人与人之间的社交，说到底就是一种等价交换，你的社交之所以是低效的，甚至是无用的，往往是因为别人非常清楚跟你交往并没有那么高的价值。所以，与其浪费时间和精力，倒不如用这部分时间与精力去努力成就更好的自己。当你活出自己想要的样子，你才能遇见更多志同道合的人，你的社交才是真正有意义的社交，也是有效的社交。

重视人脉的质量，学会清除人脉中的“杂草”

一个人在一生中会结识很多人，这些都是其人脉中的元素。一个人的人脉元素是多元化的，每天你都将周旋于其中。我们必须认真思考如何对待朋友，如何将友谊经营得有声有色并持久恒长。

健康的人际圈子必须讲究质量，而讲究质量的总原则就是去伪存真、淘汰小人。如果一个人交朋友奉行多多益善的原则，他通常会尝到现实生活留下的惨痛教训：你在得势的时候，朋友多，但真心的少；你在失势的时候，朋友少，但真心的多。在你得势时离你最近的人，很可能就是在你失势时离你而去的人。

因此，我们要树立人脉资源管理意识，还需要掌握以下几个原则性问题。

1. 随时随地把握自己经营人脉的终极目标

贵人不是每个人命中注定就有的，而是你去互动所创造出来的，而且关键看你有没有把他当贵人看待。

而大部分人在人际互动中是被动的，只在发生利害关系时才变成主动。但如果把人脉都建立在利害关系上，这就决定了关系的短暂性，这种人际关系也不是真正的人脉。事实上，人与人的交往都有一个过程，那就是认识→熟识→伙伴。我们经营人脉的最终目标就是要与认识的每一个人发展成伙伴关系。要认识你想结交的人很容易，但这只是第一步；第二步是变为熟识，这需要你主动去增加双方认知接受的频率，多次地累积。多次互动之后，还要不断付出关心，取得对方的认同，这时他就不只是个人接受你，还会替你传导，引导他的人脉来接受、认识你，这就形成所谓的“伙伴关系”。当我们与人相处时，如果能发展到最后的伙伴关系，那么即使我们把人脉应用在狭隘的销售行为，为自己的生活服务，即使和对方成为竞争对手，对方也不会扭头就走，说不定还会带给你成交的机会，所以请你一定要继续与他保持互动！

2. 掌握现代人脉管理方法

“成功不是靠记忆，而是靠记录”。人脉经营一定要善用工具。建立客户数据卡是最常见的（但人脉不只是客户），再依自己的需求做分类，并另行记录依生日排列的名册（生日是最好的互动机会）——在人工记录上，能做到这几点已是非常难得，但人脉经营只靠这些记录还远远不够。你可以借助计算机来帮你整理，并选择适合的含有以上功能的人脉经营软件来管理，这将会让你事半功倍。

3. 管理好人脉网络的桥梁——介绍人

当你拥有一定数量的人脉，就一定要像经营自己的企业一样，把自己的人脉组织成一个强有力的网络，从而更好地为自己服务。在人际关系当中，介绍人是很重要的一座互动桥梁。每当在人脉互动产生出成果时，一定要记得去感谢你的“桥梁”，这样，当你有困难而寻求“桥梁”的帮助时，他才会更乐意地引导更多的人脉去为你服务。过河拆桥的事千万不能做，尤其是当你的人脉达到成千上万时，你根本不可能有时间去与所有的人保持一一互动，最好的办法就只能掌握“人脉网络桥梁”，让你的人脉运作得更顺畅！

经营“人脉存折”，建立有效的社交网络

人们常说的优势互补，应适用于关系网的构造。本来，你有这方面的优势，同时就可能有那方面的劣势。打个简单的比方，你会著书立说，但你未必精通衣、食、住、行等各个方面。那么，你不精通的领域，或者你根本不懂得的领域，就需要在那些方面精通的人的帮助。如果朋友的结构太单一，就难以做到这一点。

所谓优势互补，说的就是这个道理：你用你的优势去弥补他人的劣势，以此换取他人以自己的优势来弥补你的劣势。这就要求交朋友不能太单一，不能完全局限于自己的同行，具有共同爱好和兴趣的人之间。所以，正是因为你在某一方面有特长、有爱好、有优势，才要有意地结识与你的特长、爱好、优势有差别的人。这才符合网络的结构和原则。

刘方是保险业务的销售明星，然而他并没有什么傲人的家庭背景以帮助他取得事业上的成功。他自己总结了成功方法：“我不销

售人寿保险，我只是建立联系，然后人们就来购买人寿保险了。”

对于刘方而言，他的日常工作主要做的就是两件事情：一件是给他的各位朋友提供力所能及的帮助；另一件就是每天在一家餐厅订一张桌子，邀请8个人共进午餐。就是通过这样的方法，他从来没有向他的朋友们推销过什么，他只是把他们聚集在一起，只是经常建立联系，然后就有很多人从他那里购买保险。

我们可以设想一下，刘方每天同8个人共进午餐，一年下来至少可以给他带来2500个潜在客户，要是把这些客户身边的朋友计数在内将是一个更庞大的数字。这也就很容易解释为什么刘方会成为一位金牌销售人员了！

因此，从这个意义上说，交往广泛，机遇就多，但不可急功近利。有许多机遇是在交往中实现的，而在最初交往中，人们很可能没有看到这种机遇，在这个时候，不要因为没有看到交往的价值，就变得冷漠。你并不知道与谁的交往会带来更大的机遇。

这把钥匙，就是“人脉存折”。

那么，我们该如何经营自己的“人脉存折”呢？确切来讲，经营“人脉存折”有以下这么几个黄金法则。

1. 摒弃个人英雄主义

拳头伤人之所以要比手指伤人或者巴掌伤人疼得多，是因为当拳头攥紧时，手上的全部力量都凝聚在拳心，所以它更强大。一只脚站立很容易跌倒，但是用两只脚站立，你就可以稳如泰山。如果一个人能够无往不胜，他背后肯定有无数的支持者，这就是他的人脉团队。一个强大的人脉团队是坚决抵制个人英雄主义的分裂行径的。

2. 要讲诚信

这是一个讲诚信的时代，毫无诚信可言的那些人，哪怕凭借小人行径取得一时的风光，那也只是暂时的。他怎样风光起来的，还会怎样暗淡下去。当你建立起自己的人脉，你要用诚信去灌溉、去培植。因为一旦你撒了一个谎，你就必须再编造100个谎言来圆这个谎。这101个谎言中的任意一个一旦被戳穿，那么换来的结果只有一个，那就是你的朋友将离你而去，你将成为孤家寡人。在诚信危机的厄运中，你面临的将是失败。

3. 把钱拿出来，让每个人都往兜里揣点

互利共赢，无疑是人脉合作的最高境界。一顿美餐，一个人独自享用，吃在嘴里会干涩难咽，倒不如把大家都请上桌，把勺子递给别人，让别人先食用，大家有说有笑，有唱有闹。人人都吃得开开心心，并且在这样开心的过程中，人人都赚到了钱，何乐而不为呢？互相谦让，人人赚钱，再苦的日子，你也能过得恣意；如果你只知往自己嘴里扒饭，往自己兜里揣钱，那你只会越吃越瘦，越揣越穷，最后瘦得皮包骨头，穷得钱包空空如也。所以，还是把钱都摆出来吧，每个人都往兜里揣上几沓。这次分得高兴了，以后分钱的机会才会越来越多。

4. 让所有人都能喝上水

一个和尚挑水喝，两个和尚抬水喝，三个和尚呢，竟然是没水喝！这是目前社会存在的一些现象的写照。与人合作，当然免不了会有问题和矛盾，但是钩心斗角、互相猜疑、推诿责任等就能解决问题吗？这只会使问题更加严重，最后大家都没饭吃，没水喝。“三个和尚争执”是引起内耗的重要原因，要避免这种现象，就须明确分工。详细的负责制度将会有利于杜绝某些恶劣行为。

5. 不要过早放弃，亡羊补牢，为时未晚

即使你小心再小心，也无法完全避免失误和失败的产生，一旦某次交际失败，与某个朋友“化友为敌”了，或是朋友间有了无可挽回的隔膜了，等等，这些问题都是交际过程中不可避免的。这时候，千万不要过早放弃这个朋友或放弃某个交际圈，要知道“亡羊补牢，为时未晚”。无论事情到了怎样糟糕的地步，只要不到最后时刻，仍然有补救的办法。

优化人脉，成功人士与潦倒英雄皆可结交

有人说，有三种人一定要结交，即“经验比我多，关系比我好，实力比我强”的人。很多人也许有这样的经历：去老板的办公室时，经常会看到老板与名人的合影，或是名人馈赠的书画作品等。在外人眼里，这可以显示出这位老板的人脉广；对老板来说，或许这更有助于提升客户对自己公司的信心，进而有更多的合作机会。

在人的一生中，更换工作岗位是件很平常的事。有的人离开原来工作岗位的时候，会把一肚子的怨气全发泄出来，甚至会放出“总算离开这里了，以后八抬大轿抬我都不回来了”的狠话；有的人则表现得很平和，离开之后还会和原来的上司、同事保持相对密切的联系，回原单位的时候，有种回家的感觉。而事实上，后者往往能够收获更多的信任和机遇。

郑峰跳槽了，虽然做的是和原岗位不一样的工作，但是他仍和原公司的人保持着良好的人际关系。平常只要有空，郑峰就会给原公司的朋友打打电话，大家偶然见面，只要时间不紧，都会聊上一小会儿，节假日的时候，大家还会呼朋唤友地去郊游。

离开原公司两年的时间里，郑峰在新公司如鱼得水，在原公司也左右逢源。不但老同事们会给他提供一些在新公司工作的宝贵经验，而且两家公司生产的产品虽然并不相同，但是属于同一个系列上下游的产品，因此很多到郑峰原公司洽谈业务的客户实际上也是郑峰的潜在客户。郑峰原公司的同事把这些客户介绍给他，这省下了他重新开拓市场的时间和精力，并且由于是熟人介绍，双方的信任度都很高。郑峰和原来的同事们得到了共同发展。

其实，每个生活在社会上的人，都要有一群朋友。趁自已有能力时，多接纳些潦倒英雄，使之能为己所用，这样的发展才会无穷。

试想，别人失意的时候，对换角色，想象一下别人的感受，你会知道安慰的力量有多大；别人抑郁的时候，将心比心，你会明白鼓励是多么重要。你的付出不是没有收益的，你的收益是你日益强大的人脉。

从经营人脉的角度来说，“人一走，茶就凉”的人绝对算不上是一个人脉经营的成功者，真正的成功者应该做到“人走茶不凉”。刚才我们提到的例子，是高升或者平调后的，那么如果你的朋友被降职了、解聘了，这碗茶是不是可以凉了呢？

不可以！生活中，工作上，没有人能一帆风顺、一马平川，遇到些坎坷挫折在所难免，就是摔个跤，碰个头破血流也是正常的。在这时候，作为旁观者的我们，既可以冷眼看热闹，也可以上前扶一把，这就看你选择怎样做了。

张强因为工作严重失误，被解雇了。在他离开公司的时候，大家都不敢去送他，怕引起领导的误会。李昊却毫不在意，他帮助张强收拾好东西，一直把他送到了门口。

经理问他为什么要这样做，李昊告诉经理，张强是个很有能力的人，犯这样的错误，不开除他不行，但是凭着张强的能力，他东山再起并不是一件很难的事，到时候，说不定还有合作的机会，就算成不了朋友，也没有必要为自己和公司增加一个对手。

果然，半年之后，张强成了一家新公司的经理。他上任后的第一件事，就是给李昊打电话，感谢他那天的帮助，并且决定与李昊合作手头的一个重要项目。

生活中当你的朋友由于种种原因不得不选择离开的时候，他的内心世界是怎样的？他也许在想：“属于自己的那个舞台已经塌陷了，自己扮演的那个角色已经谢幕了。谁还会为我鼓掌喝彩呢？谁还会关注一个已经卸了妆的角色呢？”面对着新的未知的环境，他是多么希望有人把手搭在他的肩膀上，跟他说几句话，哪怕是一个鼓励的眼神！

其实，满足他的这种需求，并不需要我们太多的付出，却能给他带来莫大的振奋。在镁光灯频闪的时候，他或许注意不到你的眼神，但当他孤寂的时候，你的眼神却能给他带去冬天里的一把火。